Cuaderno III

LAS RELACIONES PATERNO-FILIALES, ADOPCIÓN Y POTESTAD PARENTAL

COLECCIÓN JURÍDICA BOLONIA

CUADERNOS TEÓRICOS

Derecho de Familia

Cuaderno III

LAS RELACIONES PATERNO-FILIALES, ADOPCIÓN Y POTESTAD PARENTAL

2ª Edición

Dr. Francisco Lledó Yagüe

Catedrático de Derecho Civil de la Universidad de Deusto

Dr. Óscar Monje Balmaseda

Profesor titular de Derecho Civil de la Universidad de Deusto

Dra. Ana Isabel Herrán Ortiz

Profesora titular de Derecho Civil de la Universidad de Deusto

Dra. Ainhoa Gutiérrez Barrenengoa

Profesora titular de Derecho Procesal de la Universidad de Deusto

Dr. Andrés Urrutia Badiola

Profesor de Derecho Civil de la Universidad de Deusto. Notario

Dykinson, S.L.

COLECCIÓN
CUADERNOS TEÓRICOS
DERECHO DE FAMILIA

Francisco Lledó Yagüe
(Director)
Óscar Monje Balmaseda
(Coordinador)

Redacción de tema 1: Óscar Monje Balmaseda
Redacción de temas 2, 3 y 4: Francisco Lledó Yagüe
Redacción de temas 5, 6 y 7: Ana Isabel Herrán Ortiz

Editorial DYKINSON, S.L.
Meléndez Valdés, 61 - 28015 Madrid
Teléfono (+34) 915442846 - (+34) 915442869
e-mail: info@dykinson.com
http://www.dykinson.es
http://www.dykinson.com
Consejo Editorial véase www.dykinson.com/quienessomos

ISBN: 978-84-9148-145-4
Depósito Legal: M-6639-2017

Preimpresión:
Besing Servicios Gráficos, S.L.
Correo electrónico: besingsg@gmail.com

ÍNDICE

CAPÍTULO 3
LAS ACCIONES DE FILIACIÓN

CAPÍTULO 4
LA LEY SOBRE LAS TÉCNICAS DE REPRODUCCIÓN HUMANA ASISTIDA

CAPÍTULO 5
DE LAS RELACIONES PATERNO-FILIALES

CAPÍTULO 6
DE LA ADOPCIÓN Y OTRAS FORMAS DE PROTECCIÓN DE MENORES

CAPÍTULO 7
DE LOS ALIMENTOS ENTRE PARIENTES

PRÓLOGO

"Queremos buscar en las cosas, que por eso nos son preciosas, el reflejo que sobre ellos lanza nuestra alma, y es grande nuestra decepción al ver que en la naturaleza no tienen aquel encanto que en nuestro pensamiento les prestaba la proximidad de ciertas ideas"

MARCEL PROUST

"A la recherche du temps perdu. I Du côté de chez Swann".

Constituye toda una satisfacción a los coautores de la "Colección Bolonia" presentar la actualización del Cuaderno correspondiente al Derecho de Familia, con la adaptación y explicación actualizada de las instituciones que conforman el Derecho de Familia, considerando las importantes y decisivas reformas legislativas que se han producido en nuestro país desde la anterior edición de esta obra, a la sazón en el año 2012.

Efectivamente, las modificaciones han sido sustanciales y de calado, entre otras traemos a colación la nueva Ley de Jurisdicción Voluntaria, o la ley de Protección de la Infancia y de la Adolescencia, que han supuesto un claro "aggiornamento" de las relaciones jurídico familiares, tanto en el orden del régimen matrimonial, como asimismo, en las relaciones paterno filiales y la potestad parental. Asimismo también sería interesante llamar la atención en otros ámbitos no menos importantes como los que concierne a la persona y a la materia sucesoria (que también son objeto de estudio en otros Cuadernos Bolonia).

En esta obra, en mi papel de director de la Colección Bolonia, y en nombre de los coautores de la misma pretendemos mantener un claro contenido didáctico en la exposición de los distintos ámbitos de estudio. Intentamos conciliar, por un lado el tratamiento dogmático y su necesaria explicación práctica. No en vano, sus autores compaginan la actividad universitaria con el ejercicio profesional del Derecho. Es así que se traslada al lector una explicación realista, pragmática y experimental, alejada del fascinante mundo de las "ideas y/o dogmas" cuya puesta en valor resulta a veces decepcionante en contraste con la realidad material. Este comentario lo resumimos en la frase de la cita de Marcel Proust (que precede a nuestro prólogo) pero que se compagina en la realidad del libro que hemos escrito y que compagina la teoría y la práctica del fenómeno familiar.

Creemos los autores que este Cuaderno de Derecho de Familia, es un buen instrumento de aprendizaje que "contaminará al alumno" destinatario natural –aunque no único- un "amueblamiento de conceptos" necesario para avanzar en su estudio y comprensión. Sólo de esta manera el tiempo, la especialización, y la energía vital de la práctica, permitirán a aquel destinatario ser un espectador "cómplice de la compleja y sugerente realidad del derecho de familia".

Nos mueve a los autores una inquebrantable vocación (no desteñida ni por la experiencia ni por los años) universitaria unida a un propósito pedagógico necesario en la transmisión del conocimiento y el entusiasmo por "contaminar" al alumno el interés por una materia de Derecho privado tan seductiva y enriquecedora como supone el Derecho de Familia, precisamente el sector del Derecho Civil que ha sufrido más intensas y extensas reformas desde la aprobación de la vigente Constitución de 1978.

Comentábamos en la anterior edición y su razonamiento y reflexión es idéntico en el momento actual, que el alumno que ha aprendido a razonar en el esquema crítico del Plan Bolonia, encontrará en este Cuaderno de Derecho de Familia, una explicación razonada y razonable del estudio de las instituciones concernientes al orden jurídico familiar que abordamos en este volumen primero, tanto por la sistemática (insuflada de elementos aportados de la compatibilidad con la vida práctica en el ejercicio del Derecho) como por el discurso empleado, eminentemente didáctico necesario para entender la explicación de la materia matrimonial, de las uniones de hecho, de la filiación, por naturaleza adoptiva y asistida (entre otros el complejo y complicado debate de la gestación subrogada.

Nuestro compromiso es con el espíritu universitario de enseñanza útil y necesario aprendizaje de conceptos y de ideas objetivamente iluminadoras del conocimiento, y que se encuentren alejados de dogmas y "metodologismos" (muy en boga por desgracia en la actualidad universitaria nacional y/o internacional) que explican que al alumno no hay que enseñar realmente ningún contenido, sino que bastaría solo con "aprender a aprender...". A nosotros nos parece un criterio desacertado y lo que nos importa es transmitir una enseñanza adquirida con la especialización, el estudio, la experiencia, la investigación, y la docencia, solo así se pueden formar personas críticas con un conocimiento suficiente para entender el fascinante y seductivo mundo que comporta el Derecho de Familia, que ha evolucionado en los últimos años al compás de una revolucionaria interpretación social de la realidad.

Y así reiteramos nuestro compromiso con el interés puramente pedagógico, estimulando la adquisición de unos conocimientos útiles y necesarios en su formación jurídica que confluyan en un conocimiento constructivo del Derecho de Familia, adquiriendo "destrezas y habilidades" (que solo se adquieren con el razonamiento y con la reflexión de los conocimientos adquiridos) asentadas en el rigor, la exigencia, el esfuerzo y la excelencia, virtudes estas, que le comprometerán a ser un competente profesional y no por el contrario y un funcional y mediocre operador jurídico alejado de la reflexión y conocimiento propio a la que nos referíamos más arriba.

Bilbao, 14 de febrero de 2017

Francisco Lledó Yagüe

CAPÍTULO 1
LA FILIACIÓN: ASPECTOS BÁSICOS

1. LA FILIACIÓN Y SUS EFECTOS

La reforma de filiación sustentada en el principio de la verdad biólogica en las relaciones familiares, de modo que el hijo tenga la determinación de la filiación que por naturaleza le corresponda, y en el respeto más escrupuloso a la igualdad y al soterramiento de cualquier criterio de discriminación en las relaciones de filiación, justifica la equiparación de la filiación matrimonial y la extramatrimonial acorde con el principio de igualdad referido en el mandato constitucional de obligado acatamiento, (art. 24 C.c.); así como con el principio de la protección integral de la familia (art. 39 C.c.), y el respeto más exigente a la dignidad y personalidad (art. 10.2). Es por ello que el art. 108 C.c. equipara en efectos tanto a la filiación por naturaleza (matrimonial y extramatrimonial y a la adoptiva (art. 175 y 178). Es decir, no hay discriminaciones *odiosa sunt restringenda* como a la sazón, por lo que el hijo disfrutará de un status familiae, de un parentesco derivado del vínculo de filiación expansivo a la parentela del progenitor, y no cercenando exclusivamente a éste. Asimismo, el hijo, cualquiera que fuere el vínculo de filiación disfrutará de los beneficios derivados de la patria potestad, de alimentos lato sensu de derechos sucesorios (art. 807 y 931 C.c.) en su condición de heredero forzoso o de legitimario, y de la nacionalidad, tengase en cuenta que el inciso a) del nº1 del art. 17 atribuye la nacionalidad española a los nacidos de padre o madre españoles conceptúandoles como españoles de origen. La atribución de la nacionalidad lo mismo puede venir por la vía paterna que materna.

La equiparación de efectos tanto en la filiación por naturaleza como en la adoptiva es "conforme a las disposiciones de este Código", dice el párrafo segundo del art. 108, con lo cual, es el propio legislador quien determina ex lege determinadas excepciones al principio programático de la igualdad (art. 14 C.c.). Entre estas excepciones podemos destacar la determinación de la filiación incestuosa (art. 125), que condiciona la segunda determinación de la filiación del hijo, previa autorización judicial, cuando convenga al menor o incapaz. La razón de esta prohibición a la simultaneidad de la de la filiación a patre y a matre es para evitar inicialmente el conocimiento y publicidad de un vínculo incestuoso que perjudicase al menor. Al revelarse la identidad de sus progenitores.

Otra excepción la encontramos en la extensión de la cuota insufructuaria del viudo o viuda concurriendo exclusivamente con legitimarios –hijos y/o descendientes– de su difunto consorte, ya que en este caso la cuota vidual es de la 1/2 y no 1/3 como en el caso de concurrir con hijos comunes.

El tenor del art. 109 conforme a la ley 40 / 1999 de 5 de noviembre es el siguiente:

> *La filiación determina los apellidos con arreglo a lo dispuesto en la ley.*
> *Si la filiación está determinada por ambas líneas, el padre y la medre de común acuerdo podrán decidir el orden de transmisión de su respectivo primer apellido, antes de la inscripción registral. Si no se ejercita esta opción, regirá lo dispuesto en la ley*[1].
> *El orden de apellidos inscrito para el mayor de los hijos regirá en las inscripciones de nacimiento posteriores de su hermanos del mismo vínculo.*
> *El hijo, al alcanzar la mayor edad, podrá solicitar que se altere el orden de los apellidos.*

La regulación existente en el Cc y en la ley de Registro civil en materia de orden de inscripción de apellidos, hasta el momento presente el criterio imperante, era que determinada la filiación (con ambos progenitores) el orden era: primero el apellido paterno y después el materno. La reforma de 1981, permitía al hijo modificar esta situación una vez alcanzada la mayoría de edad.

---

(1) Debemos entender que a tenor de la Ley 13/2005, de 1 de julio, habrá que hablar de "padres y/o progenitores".

El contenido artículo 109 conforme a la ley 40/1999, pretende inicialmente (después veremos como la realidad es bien distinta) ser respetuosos en el principio de igualdad constitucional y mantener un criterio uniforme con las distintas decisiones de ámbito internacional adoptadas en esta materia (véase más extensamente la propia exposición de motivos de la nueva ley).

El criterio general, es que los apellidos se determinaran conforme a lo dispuesto en la ley de Registro Civil y en su Reglamento (párrafo primero del art. 109).

Ahora bien, este criterio rige si los padres no manifiestan una voluntad distinta, ya que si ambos están de acuerdo pueden modificar el orden de los apellidos, porque el párrafo primero no es una norma imperativa, sino dispositiva.

Efectivamente el proyecto de Ley que presentó el Gobierno en julio de 2010 a las Cortes fue finalmente publicado el 22 de julio de 2011 en el BOE, como Ley 20/2011 de 21 de julio, que como hemos dicho tiene una *vacatio legis* hasta el 2014[2]. Y nuevamente se ha ampliado hasta el 30 de junio de 2017.

En realidad este criterio, es el mismo que se establecia en la ley 40/1999 de 5 de noviembre. De suerte, que en la filiación matrimonial, el criterio es que estando los padres de acuerdo, pueden decidir cambiar el criterio tradicional. Esto es, que el primer apellido sea el materno, y el segundo apellido el paterno. Naturalmente, esta decisión tiene que ser previa a la inscripción registral. Si ambos padres no han decidido nada, el criterio ahora vigente, es que rige el tenor literal del art. 109. A mayor abundamiento, en el caso que no estuviesen de acuerdo los padres, el criterio ahora vigente con la ley

---

(2) Como muy bien ha explicado MOLINA, Marta en *El Nuevo Registro Civil*, el nuevo Registro Civil es un registro electrónico, único y desterritorializado, presidido por la universalidad de acceso y constituido por registros individuales y no por secciones y asientos dispersos. Así el art. 3 del nuevo texto del Registro civil explica que los datos serán objeto de tratamiento automatizado y se integrarán en una base de datos única. Se dice que la confección de un registro individual abierto con la primera inscripción –habitualmente la de nacimiento– con la asignación de un código alfanumérico permitirá la localización de los “inscritos”. Cada persona en cualquier momento tendrá información registral y actualizada.

40/1999, curiosamente, es que el legislador se olvida de criterios de igualdad de sexo, y recurre subsidiariamente a lo dispuesto en la ley de Registro Civil, es decir, imponer el criterio tradicional. Primero el apellido paterno y después el materno.

En el caso de la filiación no matrimonial, si esta ha sido determinada por ambos progenitores, regirá el mismo criterio que en la filiación matrimonial. Si ambos están de acuerdo, podrán decidir el orden de la transmisión. Si ambos progenitores no han decidido nada, regirá también el criterio tradicional que es el que impone el párrafo 1° del artículo 109.

Sentado todo lo anterior, con la nueva ley de Registro Civil, el criterio que será el dominante sería el siguiente: si los padres de un recién nacido no son capaces de ponerse de acuerdo en el orden de los apellidos, será el funcionario encargado del Registro quien le corresponda tomar la decisión última.

Así la Ley de Jurisdicción Voluntaria, Ley 15/2015 se ha ampliado hasta este nuevo y "expectante" plazo.

Parece también, que un criterio modulador de esta forma tan expeditiva, "de dejar en manos" de un funcionario la decisión, parece injusto y exorbitante. Se discute una fórmula intermedia que sería la necesidad de que los padres "acuerden" el nombre y apellidos del recién nacido, no como una posibilidad si no como una obligación, y se estudia la posibilidad que el Registro Civil les haga un requerimiento oficial para ello si no plasmasen los datos adecuadamente en el formulario que rellenarán en el hospital donde se produzca el parto. En el caso de que en la comunicación oficial del hospital al registro, los apellidos no estén ordenados, por desacuerdo u olvido, se dará a los cónyuges (y/o consortes, que hubiesen reconocido la filiación) un plazo mínimo para que resuelvan "el contencioso familiar" (mal presagio para el comienzo de una relación paterno/materno filial...).

Naturalmente el legislador es un poco iluso porque recurre a fórmulas pleonásticas, que en el fondo no resuelven nada porque deben acordar los cónyuges y/o consortes el orden de los apellidos atendiendo al "interés superior del menor...". Como se dice, con razón, se deja en manos de los funcionarios del Registro, realmente la última palabra, que en principio podrán ordenar los apellidos como crean más conveniente. Se dice, también con razón, que las únicas limitaciones, cara al interés del menor serán del tipo de "evitar que en esta ordenación" haya cacofonías o composiciones desafortunadas con su nombre y apellidos.

En fin, esta solución registral, aparentemente redentora "de la igualdad más sacrosanta" es a mi juicio, una necedad más del legislador, imbuido de "efluvios talentosos..." que más bien, condicionan ya de entrada el buen orden familiar, generando conflictos, donde el criterio tradicional funcionaba. Y, en donde, siempre cabía la posibilidad, una vez alcanzada la mayoría de edad, por parte del interesado de alterar el orden de los apellidos. Naturalmente, esta posibilidad sigue subsistiendo con la nueva realidad registral. Lo que ocurre, es que de entrada, ya obliga a los progenitores a estar "adiestrados" en la escuela del consenso, y del talante...

2. DE LA DETERMINACIÓN Y PRUEBA DE LA FILIACIÓN

El hecho biológico no puede ser constatado por sí mismo, y de ahí que el Derecho establezca los presupuestos de hecho a los cuales liga los efectos de la filiación. Así por ejemplo, el matrimonio para la filiación matrimonial o el reconocimiento para la no matrimonial. En el primer caso porque presupone el hecho natural de que el hijo ha sido engendrado por los cónyuges, y en el segundo porque la declaración del reconocedor revela, el hecho biológico de la procreación.

Así, el art. 112 C.c. dice que "la filiación produce sus efectos desde que tiene lugar. Su determinación legal tiene efectos retroactivos siempre que la retroactividad sea compatible con la naturaleza de aquéllos y la Ley no dispusiere lo contrario. En todo caso, conservarán su validez los actos otorgados, en nombre del hijo menor o incapaz, por su representante legal, antes de que la filiación hubiere sido determinada".

La filiación produce sus efectos desde que tiene lugar momento que no coincide con la determinación legal de aquella (inscripción Registral), y solo con esta constatación formal derivaron los derechos de la relación de filiación, esto es, patria potestad, y solo así el titular queda investido de la representación legal a todos los efectos del menor.

El párrafo segundo del art. 112 ratifica la validez de quien actúa en representación, del menor a quien después se le atribuirá una determinación de la filiación distinta. Piénsese por ejemplo, en quien amparado en la posesión de estado actúa como padre, pero no ha existido reconocimiento de paternidad, y después deviene una reclamación de la filiación paterna del auténtico progenitor.

En fin, como dice RIVERO, el concepto "actos" deber ser entendido en sentido amplio, no solo los de tipo negocial, sino cualquier actuación no negocial en nombre o a utilidad del menor o incapaz.

En otro orden de consideraciones dice el art. 113 C.c. que "la filiación se acredita por la inscripción en el Registro Civil, por el documento o sentencia que la determina legalmente, por la presunción de paternidad matrimonial y, a falta de los medios anteriores, por la posesión de estado. Para la admisión de pruebas distintas a la inscripción se estará a lo dispuesto en la Ley de Registro Civil. No será eficaz la determinación de una filiación en tanto resulte acreditada otra contradictoria".

En primer lugar por la inscripción del nacimiento en el Registro Civil que es realmente el título de legitimación por excelencia, y que como dice el art. 41 L.R.C. hace fe de la "filiación del inscrito".

En segundo lugar el documento o sentencia la determina legalmente la filiación. Es decir, para el caso de la filiación matrimonial habrá que remitirse al art. 115, y en su ordinal segundo, vemos que además de la determinación a través de la inscripción, otro título de atribución es la sentencia judicial. En el caso de la filiación no matrimonial el art. 120 C.c. vemos que son títulos de atribución, el testamento y el documento público (vide art. 186 R.R.C.); así como la Resolución recaída en el expediente (art. 49 L.R.C.).

La filiación determinada en virtud de sentencia es inamovible, no puede refutarse la veracidad de la resolución que produce los efectos de cosa juzgada (vide art. 134-2º C.c.).

Finalmente, el art. 113 dice que "a falta de los medios anteriores por la posesión de estado".

Actualmente, la posesión de estado actúa como título de legitimación subsidiario, a falta de otros medios anteriores, tanto para la filiación matrimonial como para la extramatrimonial (art. 113 C.c.). Es decir, hoy actúa como prueba para acreditar la filiación, hubiera o no estado determinada legalmente.

Cuando se dice "a falta de medios anteriores" se alude a la falta de inscripción (arts. 115 y 120 - 2° - 4° C.c.) cuando no hubiera documento o sentencia (arts. 115-2 y 120-3 C.c.); si bien para cumplir lo previsto en el art. 2 L.R.C. habrá que instar previa o simultáneamente la inscripción omitida o la reconstitución del asiento. Y como dice el párrafo segundo del art. 113 C.c. "no será eficaz la determinación de una filiación en tanto resulte acreditada otra contradictoria".

Es decir, que no puede entablarse una reclamación de la filiación que fuera contradictoria con lo que revelan los títulos del art. 113, sin que previamente o a la vez se entable demanda de impugnación del título de legitimación contradictorio. No se hace más que corroborar la regla registral (art. 3 L.R.C.) "no podrán impugnarse en juicio los hechos inscritos en el Registro Civil sin que a la vez se insta la rectificación del asiento correspondiente y que a la vez la inexactitud del Registro es una cuestión prejudicial de necesaria Resolución previa.

3. LA RECTIFICACIÓN DE LOS ASIENTOS REGISTRALES

Las inscripciones solo pueden rectificarse por sentencia firme recaída en juicio ordinario (art. 92 L.R.C.). Esta regla se confirma con mayor vigor para los casos en los que la rectificación implica contradicción del estado de filiación que prueba el Registro (art. 50 L.R.C., 113 - II y 114-1 C.c.). La resolución de 19 de diciembre de 1986 explica que la regla general para la rectificación de las inscripciones es la que deben realizarse en juicio declarativo ordinario de menor cuantía, y sólo en los supuestos excepcionales de los artículos 93 y 94 de la L.R.C. se permite la rectificación mediante expediente gubernativo. Así las menciones erróneas de identidad, la indicación equivocada del sexo, cuando no haya duda sobre la identidad del nacido por las demás circunstancias. Cualquier otro error cuya envidencia resulte de la confrontación con otras cuantas inscripciones que hagan fe del hecho correspondiente.

En cuanto a la rectificación de asientos que resulten contradictorios con los hechos que una sentencia penal declara probados. Y como dice el art. 293 R.R.C. las inscripciones no pueden rectificarse en virtud de sentencias recaídas en proceso penal; no obstante en cuanto sean contradictorias con los hechos que la sentencia declara probados serán rectificadas mediante expediente gubernativo, luego el título de la rectificación no es la sentencia penal sino la resolución recaída en el expediente gubernativo.

CAPÍTULO 2
LA DETERMINACIÓN DE LA FILIACIÓN Y LA PRESUNCIÓN DE PATERNIDAD

1. EL NACIMIENTO

El hecho biológico no puede ser constatado por sí mismo, y de ahí que el Derecho establezca los presupuestos de hecho a los cuales liga los efectos de la filiación. Así por ejemplo, el matrimonio para la filiación matrimonial o el reconocimiento para la no matrimonial. En el primer caso porque presupone el hecho natural de que el hijo ha sido engendrado por los cónyuges, y en el segundo porque la declaración del reconocedor revela, el hecho biológico de la procreación.

Así, el art. 112 C.c. dice que "*la filiación produce sus efectos desde que tiene lugar. Su determinación legal tiene efectos retroactivos siempre que la retroactividad sea compatible con la naturaleza de aquéllos y la Ley no dispusiere lo contrario. En todo caso, conservarán su validez los actos otorgados, en nombre del hijo menor o incapaz, por su representante legal, antes de que la filiación hubiere sido determinada*".

La filiación produce *sus efectos* desde que tiene lugar momento que no coincide con la determinación legal de aquella (inscripción Registral), y solo con esta constatación formal derivaron los derechos de la relación de filiación, esto es, patria potestad, y solo así el titular queda investido de la representación legal a todos los efectos del menor. En este sentido dice ESPINOSA INFANTE del primer párrafo del precepto se desprende que uno es el momento en que tiene lugar la filiación y otro es el instante en que la misma quede determinada legalmente. El hecho básico es, desde luego, la procreación biológica, causa y fundamento de la filiación. Otra cosas es que para hacer valer y desarollar la relación de filiación, ese hecho deba ser conocido y establecido jurídicamente. Por eso, determinada la filiaicón jurídicamente, sus efectos jurídicos se producen desde que tuvo lugar física o biológicamente, y, por tanto, desde el nacimiento. Consecuencia de ello es la retroactividad de todos los efectos en los casos en que la filiaión es determinada con posterioridad al nacimiento (de donde se sigue que la determinación de la filiación no es ni absolutamente de carácter decarativo, ni absolutamente de carácter constitutivo). Es decir, la retroacción se produce, pero sin perjuicio de los efectos que hayan podido ya producirse desde la procreación y nacimiento y antes de la determinación legal de tal filiaición. Ahora bien, si la retroactividad es compatible con la naturaleza de los efectos, entonces procede. Así por ej. en un caso en que los alimentos hayan sido prestados por un tercero (normalmente el representante del hijo o quien hasta entonces se hubiese hecho cargo de él), se podrá exigir del progenitor que le resarza de los alimentos que hizo efectivos.

El párrafo segundo del art. 112 ratifica la validez de quien actúa en representación, del menor a quien después se le atribuirá una determinación de la filiación distinta. Piénsese por ejemplo, en quien amparado en la posesión de estado actúa como padre, pero no ha existido reconocimiento de paternidad, y después deviene una reclamación de la filiación paterna del auténtico progenitor.

En otro orden de consideraciones dice el art. 113 C.c. que "*la filiación se acredita por la inscripción en el Registro Civil, por el documento o sentencia que la determina legalmente, por la presunción de paternidad matrimonial y, a falta de los medios anteriores, por la posesión de estado. Para la admisión de pruebas distintas a la inscripción se estará a lo dispuesto en la Ley de Registro Civil. No será eficaz la determinación de una filiación en tanto resulte acreditada otra contradictoria*".

En primer lugar por la inscripción del nacimiento en el Registro Civil que es realmente el título de legitimación por excelencia, y que como dice el art. 41 L.R.C. hace fe de la "filiación del inscrito".

En segundo lugar el documento o sentencia la determina legalmente la filiación. Es decir, para el caso de la filiación matrimonial habrá que remitirse al art. 115, y en su ordinal segundo, vemos que además de la determinación a través de la inscripción, otro título de atribución es la sentencia judicial. En el caso de la filiación no matrimonial el art. 120 C.c. vemos que son títulos de atribución, el testamento y el documento público (vide art. 186 R.R.C.); así como la Resolución recaída en el expediente (art. 49 L.R.C.).

La filiación determinada en virtud de sentencia es inamovible, no puede refutarse la veracidad de la resolución que produce los efectos de cosa juzgada (vide art. 134-2º C.c.).

En tercer lugar, el art. 113 C.c. nos cita la presunción de paternidad, aunque en realidad *per se* no es un título de legitimación; y al decir de la mejor doctrina RIVERO, PEÑA BERNALDO DE QUIROS –por todos– no acredita ella sola la filiación, *sino que precisa de la constancia de la maternidad de mujer casada y del matrimonio.* Ella sola no prueba la filiación matrimonial, sino que coadyunará a su determinación legal, no es un título de legitimación, como el documento público, la sentencia o la inscripción.

Finalmente, el art. 113 dice *que "a falta de los medios anteriores por la posesión de estado"*.

En la regulación anterior a la reforma de 1981 era un título de legitimación subsidiario, pero solo en la filiación legítima (art. 115 y 116 anterior C.c.); en cambio en la filiación natural, la posesión de estado era el presupuesto para desencadenar la sentencia, que era a la sazón el título válido para la inscripción.

Actualmente, la posesión de estado actúa como título de legitimación subsidiario, a falta de otros medios anteriores, tanto para la filiación matrimonial como para la extramatrimonial (art. 113 C.c.). Es decir, hoy actúa como prueba para acreditar la filiación, hubiera o no estado determinada legalmente.

Cuando se dice "*a falta de medios anteriores*" se alude a la falta de inscripción (arts. 115 y 120 - 2º - 4º C.c.) *cuando no hubiera documento o sentencia (arts. 115-2 y 120-3 C.c.)*; si bien para cumplir lo previsto en el art. 2 L.R.C. habrá que instar previa o simultáneamente la inscripción omitida o la reconstitución del asiento. Y como dice el párrafo segundo del art. 113 C.c. "*no será eficaz la determinación de una filiación en tanto resulte acreditada otra contradictoria*".

Es decir, que no puede entablarse una reclamación de la filiación que fuera contradictoria con lo que revelan los títulos del art. 113, sin que previamente o a la vez se entable demanda de impugnación del título de legitimación contradictorio. No se hace más que corroborar la regla registral (*art. 3 L.R.C.*) "*no podrán impugnarse en juicio los hechos inscritos en el Registro Civil* sin que a la vez se *insta la rectificación del asiento* correspondiente y que a la vez la inexactitud del Registro es una cuestión prejudicial de necesaria Resolución previa.

Ello hace a nuestro juicio que dada la posibilidad de una consistencia efímera del título del estado civil que refleja la *possessio filiationis*, al tenerse que justificar en todo tiempo su existencia continua, persistente y permanente para poder ser configurada como tal presunción de titularidad efectiva, es un título de atribución que habrá que probar cuando se quiera hacer valer dicho título del estado civil para acreditar una filiación de la cual no hubo inscripción, o si la hubo el Registro fue destruido o existe imposibilidad de certificar, siendo necesario según ordena el art. 2 L.R.C. que previa o simultáneamente se haya solicitada la inscripción omitida.

2. LA PRESUNCIÓN DE PATERNIDAD

En este apartado vamos a analizar los siguientes supuestos:

1) El caso de la concepción del hijo después del matrimonio. Es decir, que el nacimiento se produce después de los 180 dias siguientes a la celebración del matrimonio. Este es el supuesto recogido en el art. 116 Cc.

2) El caso en que la concepción del hijo se produjo antes del matrimonio, y el nacimiento opera dentro de los 180 días siguientes o la celebración del matrimonio. Este es el supuesto contemplado en el art. 117 Cc.

3) Los supuestos en que sin desencadenarse *ope legis* la persunción de paternidad; sin embargo la "matrimonialidad" de la filiación se produce por "voluntad de los progenitores, respaldando al hijo en el status filii de hijo matrimonial. En estos casos analizaremos los art. 118 Cc y art. 119 Cc. El prime-

ro de ellos se refiere a la filiación matrimonial del hijo por declaración de voluntad de los progenitores casados. Y el segundo, se refiere a la "matrimonialidad" sobrevenida de una hija, cuya filiación originaria y determinado resgistralmente era a la sazón la del hijo extramatrimonial.

4) El último supuesto, es el caso o tecnícamente posible de una filiación matrimonial sobrevenida, habiendo fallecido el progenitor, y en ese momento la viuda no estaba aun embarazada. Nos referimos a la posibilidad de acudir a las técnicas de reproducción asistida, y concretamente al caso que será analizado infra de la fecundación post mortem (art. 9 LRHA de 2006). (En el análisis de este supuesto, remitimos al capítulo correspondiente a la Ley de reproducción humana asistida).

2.1. La presunción de paternidad del art. 116 C.c.

Esta presunción de paternidad se desencadena, si los hijos han sido concebidos y nacidos durante el matrimonio. Actúa *ex lege*, beneficiando al hijo en su condición de hijo matrimonial. Será al presunto padre, hijo, o madre (si no está privada de la patria potestad) y al Ministerio fiscal, a quien corresponderá la acción constitutiva de estado para impugnar en un tiempo preclusivo –plazo de caducidad– el *status filii del hijo* (art. 136 C.c.). Si el hijo ha nacido dentro de los 180 días siguientes a la celebración del matrimonio, como su concepción se ha originado antes y el nacimiento ha tenido lugar durante el matrimonio, también está amparado por la presunción de paternidad, pero el marido puede desconocer mediante declaración auténtica aquélla paternidad (como analizaremos en el epígrafe siguiente). Actualmente el hijo nacido más allá de los 300 días siguientes a la disolución o a la separación legal o de hecho de los cónyuges no está amparado en la presunción de paternidad (art. 116 C.c.), si bien cabe a los legitimados en el ejercicio de la acción justificar la condición de hijo matrimonial mediante la aportación de cualquier prueba que evidencie la filiación matrimonial del hijo.

El objeto de la acción de la impugnación de la paternidad en la filiación, no será otro que destruir la presunción de hijo matrimonial *pater is*, del art. 116 Cc.

De todas formas, en el caso de la pareja de homosexuales, no podrían acudir a las técnicas de reproducción humana asistida, al estar prohibida la maternidad subrogada (art. LRHA de 2006). Como sabemos se admite la donación de óvulos, per no la maternidad por sustitución. Es decir, que la que lleva a cabo el alumbramiento, debe constituir una relaicón de pareja, y ser mujer. O bien, que una mujer se preste al embarazo, y cuando nazca el hijo. El varón casado –con otro hombre–, reconocerá la filiación extramatrimonial de aquél. Pues bien, si la madre que lo alumbró presta su consentimiento el consorte del progenitor que reconocio, podrá adoptar al hijo de su cónyuge (vide art. 178 Cc).

Es más, en este análisis, mas propio de la ciencia ficción genética que los usos convecciónales en la aplicación de la lógica jurídica, pudiera presentarse el siguiente caso que extraemos de la realidad más atenta.

La presunción es de paternidad, no de" legitimidad", como se desprende de que ya no se exiga el trascurso de un plazo desde la celebración del matrimonio. Asi, el fundamento de la presunción no solo es el deber de convivencia y fidelidad que tienen los cónyuges, sino también regular las consecuencias de las relaciones entre la pareja en beneficio del hijo. En definitiva, ya no es requisito de la antes llamada "legitimidad", hoy matrimonialidad, la procreación dentro del matrimonio. Asimismo, no juega la presunción de paternidad, obviamente en el caso de las parejas de hecho, porque no hay matrimonio; aún cuando resulte acreditada su convivencia por manifestación de ambos o sea pública y notoria; solo el matrimonio tiene efecto y folio en el Registro Civil.

Nuestro legislador tampoco ha contemplado en el art. 116 un párrafo que ampliase la presunción de la paternidad para el caso de que el hijo hubiese nacido después de los 300 días de la disolución o de la separación legal o de hecho cuando la concepción hubiese sido realizada antes de la disolución y existiese constancia de este extremo. A nuestro parecer, hubiese sido aconsejable un párrafo, como tipifica el legislador suizo, expresando que "cuando el hijo ha nacido después de los 300 días, esta presunción sólo es válida si ha sido concebido antes de la disolución del matrimonio". Lógicamente, con la no aceptación de una fecha legal para la concepción quiere refrendarse la idea de la no irrefutabilidad del tiempo de la concepción, puesto que lo contrario iría en detrimento de la prueba libre que ahora consagra nuestro Código civil.

2.2. La presunción de paternidad cuando la concepción se produce antes del matrimonio (Art. 117 Cc.)

Queremos referirnos a que, así como el hijo nacido constante matrimonio después de los 180 primeros días está en principio amparado *ope legis* en la condición de matrimonial, salvo prueba en contrario, sin embargo en el supuesto que ahora analizamos la matrimonialidad viene derivada en virtud de una voluntaria admisión de la paternidad, es decir, en terminología jurídica, en virtud de un "reconocimiento" –bien sea éste expreso o tácito–. En resumen, deriva de una convicción *ex voluntate* del presunto padre, que desencadena con su manifestacion la presunción del *pater is.* En conclusión, si el nacimiento se produjo después de los 180 días la presunción es automática, y si nació dentro de los primeros 180 días la presunción admitirá una destrucción más flexible sin tener que acudir a la vía contenciosa.

En tal caso el hijo nacido en estos términos habrá sido concebido antes del matrimonio, de suerte que la presunción de paternidad será más un *favor iuris* que un desencadenamiento causal de una cohabitación constante matrimonio. Como bien dicen LACRUZ y SANCHO REBULLIDA, "aquí el principio de normalidad que fundamenta un juicio de probabilidad se manifiesta del siguiente modo: si el marido reconoce expresa o tácitamente al hijo alumbrado después del matrimonio por su mujer, o si conocía de antes su embarazo, o si aun fuera de estas circunstancias complementarias no lo desconoce formalmente en un plazo inmediato, es sin duda por cuanto tiene la convicción de ser obra suya, siquiera anterior a la celebración del matrimonio". Esto supuesto, si el hijo nació después de 180 días de la celebración del matrimonio, no podrá refutarse su *status matrimonial* sin tener que recurrir a un juicio declarativo ordinario, no pudiendo, por tanto, instarse un expediente registral de desconocimiento de la paternidad. Esto se deduce porque en este planteamiento (hijo nacido después de 180 días) la presunción de paternidad es absoluta, de manera que el padre tendrá que demostrar con una verosimilitud rayana en la certeza que él no pudo ser el padre, pero a través de un juicio contradictorio.

El último inciso del art. 117 es interesante y merece un comentario aparte. Si existe reconocimiento o conocimiento del embarazo por el marido antes del matrimonio, la conclusión es que se desencadena la presunción de paternidad y el hijo es matrimonial. Ahora bien, si el conocimiento del embarazo antes del matrimonio viene acompañado de una declaración de voluntad de ambos, formalizada antes de la boda o después del matrimonio, pero inexcusablemente dentro de los seis meses siguientes al nacimiento del hijo, y en aquella declaración ambos expresan que él no es el padre del hijo en cuestión porque no ha existido cohabitación, la consecuencia es obvia: no hay presunción de paternidad, luego el hijo es extra-matrimonial.

De cualquier modo, y obviamente, ello no impide que el hijo pueda reclamar su filiación, acción, por otra parte, de naturaleza imprescriptible. En este sentido pensamos que, como su pretensión va reforzada a vigorizar su estado civil, si tiene éxito su demanda, por ejemplo de reclamación paterna extramatrimonial (dado que no ha sido posible un reconocimiento voluntario del progenitor real), su nuevo estado supondrá adquirir uno más perfecto que le constaba en el Registro, puesto que reflejaba tan sólo su filiación materna extramatrimonial, pero no la filiación paterna. En este aspecto nos remitimos al art. 50 de la Ley del Registro civil.

Nacido el hijo dentro de los 180 días siguientes a la celebración del matrimonio, se inscribirá la paternidad del marido, salvo que conste la declaración auténtica en contrario de éste. Inscrita la paternidad, podrá ser cancelada por expediente gubernativo si la declaración auténtica del marido, para desvirtuar la presunción, se ha formulado en el tiempo y condiciones exigido en el art. 117 C.c. (vide también art. 184 R.R.C.).

¿Quiénes pueden llevar a cabo la declaración auténtica en contrario?

a) El esposo dentro de los seis meses siguientes al conocimiento del parto. Con más exactitud al día en que tuvo conocimiento del parto; siempre y cuando no hubiese admitido (reconocido dice la ley) expresa o tácitamente antes de la declaración su paternidad, ni hubiese conocido antes de casarse el embarazo de su mujer.

b) Los dos futuros esposos antes del matrimonio habían formalizado una declaración auténtica de no ser el hijo del futuro marido.

c) Los dos ya esposos después de los seis meses siguientes al nacimiento (al día del nacimiento).

En estos supuestos se inscribe sólo la filiación materna.

Si una vez inscrita la filiación paterna, el marido presenta la declaración en contrario (dentro del plazo estipulado en el art. 117 C.c.), la cancelación de la filiación paterna podrá lograrse no solo por vía judicial, sino también por expediente, siempre que su declaración y las pruebas acompañadas demuestren la inexistencia de la presunción. Esta posibilidad de cancelación por la simple vía del expediente gubernativo, es la principal novedad del Reglamento en relación con la Circular del 1981.

2.3. La filiación matrimonial por declaración de voluntad de los progenitores casados sin regir la presunción de paternidad (Art. 118 C.c.) y el supuesto de la filiación matrimonial "sobrevenida" (Art. 119 Cc)

Según el art. 118 C.c. que "*aun faltando la presunción de paternidad del marido por causa de la separación legal o de hecho de los cónyuges, podrá inscribirse la filiación como matrimonial si concurre el consentimiento de ambos*".

Al nacer el hijo más allá del tiempo al que se extiende la presunción del *pater is* del art. 116 (transcurridos trescientos días siguientes a la separación legal o de hecho). La inscripción de la filiación paterna sería la de no matrimonial al no regir la presunción de paternidad matrimonial, sin embargo, este consentimiento revela en cierto modo un reconocimiento (admisión) por parte del progenitor veraz y aquiescencia de la mujer, aceptando la causalidad efectiva del mantenimiento de relaciones sexuales en época en la que se desencadenaba presunción de paternidad alguna. El consentimiento que prestan ambos cónyuges no tiene que ser prestado de consuno –simultáneamente–. El art. 118 admite que los consentimientos fueron sobrevenidos. No parece que sea preceptiva una forma especial para hacer constar los consentimientos, por lo que cupiera una forma privada y aún tácita en la expresión de los mismos (véase RODRIGUEZ ADRADOS, RIVERO, y en contra OCAÑA RODRIGUEZ, quien observa un problema de inseguridad jurídica...); sin embargo, lo importante es que le conste al juez encargado del Registro bien por declaración o presentación de título. Asimismo, estamos con RODRIGUEZ ADRADOS (y remitimos a nuestro comentario a los art. 120 ordinal segundo y art. 135 C.c.) para la acreditación del consentimiento tácito del marido a través del expediente gubernativo (art. 49 L.R.C.).

En otro orden de cosas, no hay que dudar que la "locución" separación legal, acoge en su ratio *iuris* no solo la sentencia firme sino también por adopción de medidas provisionales, pues una vez admitida la demanda de separación, se produce *ope legis*, la cesación de la presunción de convivencia y con ella la presunción del *pater is* (art. 102 - 1° C.c.).

Si los cónyuges se reconcilian y emplean lo preceptuado en el art. 84 (cumpliendo el deber jurídico de comunicación al juez) no por ello el hijo nacido antes de la reconciliación, sería matrimonial, como nació en un momento en que la presunción no regía, a la sazón era extramatrimonial, y *ex nunc* los padres deberían consentir ambos la inscripción como matrimonial. Si el hijo nace tras la reconciliación, estaría amparado en la presunción de paternidad.

En el caso de la separación de hecho, como dice OCAÑA se rehabilitaría la presunción legal del art. 116, si en contra del criterio del Encargado se demostrase en juicio que no hubo separación de hecho.

En relación a la filiación matrimonial sobrevenida dice el art. 119 C.c. que "la filiación adquiere el carácter de matrimonial desde la fecha del matrimonio de los progenitores cuando éste tenga lugar con posterioridad al nacimiento del hijo, siempre que el hecho de la filiación quede determinado legalmente conforme a lo dispuesto en al sección siguiente.

Lo establecido en el párrafo anterior aprovechará, en su caso, a los descendientes del hijo fallecido".

Los requisitos serían los siguientes:

— En primer lugar: Celebración del matrimonio. Naturalmente que este matrimonio ha de ser válido; sin embargo en nuestro Derecho en la hipótesis de que el matrimonio llegue después a anularse, se producirá respecto de los hijos los efectos de la "matrimonialización", en virtud de lo determinado en el art. 79 (matrimonio putativo).

— En segundo lugar, que el hijo haya nacido antes del matrimonio posterior de los progenitores; aunque después hubiese fallecido.

— En tercer lugar, que antes o después del matrimonio hubiese sido reconocido, es decir, determinada su filiación extramatrimonial; pues como muy dice OCAÑA RODRIGUEZ la fecha de la determinación de la filiación, ésta puede producirse tras la disolución del matrimonio con iguales efectos.

— En cuarto lugar: ¿Cuál es el momento en que se producen los efectos? La "matrimonialidad sobrevenida" surte sus efectos desde la fecha del matrimonio (aunque la determinación de la filiación extramatrimonial sea posterior al matrimonio). La matrimonialización del hijo que hubiere fallecido antes de la celebración del matrimonio aprovecha a sus descendientes.

  En otro orden de cosas los efectos retroactivos de esta filiación no tienen lugar desde el nacimiento del hijo, a diferencia de lo establecido en el art. 112, sino desde la fecha del matrimonio de los progenitores.

— En quinto lugar: ¿La inscripción en el Registro Civil como se produce?

  a) Habrá que consignar en la inscripción del matrimonio, entre otras circunstancias, la de los nombres de los hijos extramatrimoniales, que por el matrimonio obtengan la calificación de matrimoniales y que los contrayentes hayan manifestado haber tenido.

b) Anotación, al margen del acta de nacimiento del hijo "matrimonializado". El funcionario del Registro Civil, las autoridades o funcionarios que intervinieron y los mismos interesados pueden pedir la anotación marginal correspondiente con el fin de que quede patente la condición sobrevenida de hijo matrimonial debido al matrimonio de los padres.

2.4. La presunción de paternidad en el caso del hijo "superpostumo"

Cuando acudimos a una fecundación y concepción *post mortem* (art. 9 de la Ley de Reproducción Humana Asistida 2006) (remitimos al capítulo de la ley de reproducción humana asistida).

2.5. La intervención de la autoridad judicial en los reconocimiento de filiación

Los reconocimientos de filiación no matrimonial, se trate de filiación paterna o de filiación materna, adquieren la eficacia de título de determinación legal de la filiación por sí mismos, sin necesidad, para ello, de que preste su asistencia la autoridad judicial. Pero en ciertos casos se prevé que para que el reconocimiento tenga tal valor de título de determinación legal de la filiación ha de darse la intervención de la autoridad judicial que la Ley establece. Con esta intervención se trata de proteger especialmente los interés de los menores o incapacitados directamente afectados por el reconocimiento. La Ley atribuye en estos casos la decisión a la autoridad judicial y no a los representantes legales –o no con carácter exclusivo, a los representantes legales– porque la Ley tiene en cuenta que la determinación legal de la filiación ponen, con frecuencia, en conflicto el interés personal del representante legal con el interés personal del menor o incapaz a quien se quiere tutelar (por todos, PEÑA BERNALDO DE QUIRÓS).

La actuación judicial exigida puede consistir en una autorización o en una aprobación; en el primer caso ha de preceder al acto del reconocimiento; en segundo, es un requisito *ex post factum.*

a) Casos en que se requiere la previa autorización judicial. En los casos de determinación legal de la filiación de determinados supuestos de los hijos que anteriormente eran llamados incestuosos (cf. Art. 125 Cc).

Dice el art. 125 C.c. que "*cuando los progenitores del menor o incapaz fueren hermanos o consanguíneos en línea recta, legalmente determinada la filiación respecto de uno, sólo podrá quedar determinada legalmente respecto del otro, previa autorización judicial, que se otorgará, con audiencia del Ministerio Fiscal, cuando convenga al menor o incapaz.*

Alcanzada por éste la plena capacidad, podrá, mediante declaración auténtica, invalidar esta última determinación si no la hubiere consentido".

Es decir, determinada la filiación de uno de los progenitores –normalmente la madre–, la determinación de la filiación del otro progenitor requerirá la previa autorización judicial, cuando convenga al menor o incapaz. En última instancia la constatación del vínculo completo dependerá del arbitrio judicial, por ejemplo, puede entender que en el caso de un hermano por adopción no se le aplicaría la sanción del 125 C.c., pues no olvidemos que a tenor del art. 47 no tienen impedimento para casarse.

El problema se suscitará en caso de reconocimiento conjunto, para OCAÑA debe ser el Fiscal, quien valorando el interés del hijo menor o incapaz, muestre su consentimiento a que se inscriba la procedencia menos perjudicial desde el punto de vista social, sin perjuicio de que ello lo decida el hijo mayor de edad o el representante legal del menor. En opinión de CAMARA, si los dos lo reconocen dentro del plazo para la declaración del nacimiento, el juez debe decidir el caso en expediente de jurisdicción voluntaria.

En el párrafo segundo se admite la invalidación de la segunda determinación de la filiación por el hijo, alcanzada por este la plena capacidad, sin limitación de tiempo, lo que no parece, muy razonable, habida cuenta que la segunda determinación ha sido aprobada judicialmente, y con una simple declaración de voluntad del hijo (alcanzada la plena capacidad) puede enervar la resolución judicial (aunque fuese una sentencia firme...).

Como concluye OCAÑA, la facultad concedida al hijo es personalísima. El C.c. excluye esta facultad cuando el hijo ya mayor y capaz hubiera consentido la segunda determinación, precisamente la que se produjera por aprobación judicial siendo menor.

La invalidación efectuada por el hijo deviene irrevocable, y la regla del *venire factum proprium* impide el ulterior ejercicio de una acción de reclamación.

A mi modo de ver, cuando el hijo mayor de edad invalida la segunda determinación (aprobada judicialmente), queda abierta la posibilidad que un tercero reconozca o reclame la filiación (art. 120 y 135 C.c. fundamentalmente). Ahora bien, estoy con CAMARA para quien si una sentencia firme declaró la procedencia incestuosa, no cabe el reconocimiento sobrevenido de un tercero, por ser claramente falso.

b) Casos en que se requiere la posterior aprobación judicial.

- Con el valor de complemento de capacidad: en el reconocimiento otorgado por menor o incapaz.
- Con el valor de *conditio juris*: en determinadas hipótesis de reconocimiento de hijos menores o incapaces.

3. CAPACIDAD PARA EL OTORGAMIENTO DEL RECONOCIMIENTO COMO TÍTULO DE LEGITIMACIÓN

3.1. El reconocimiento del menor de edad

En conclusión no existe en principio incapacidad absoluta para el menor, que podrá reconocer siempre que reúna en su persona aquellos presupuestos de inteligencia y madurez sexual que pueden acreditarle como padre del reconocido y deduzcan de su acto de voluntad que ha obrado con conocimiento de causa si bien el art. 121 C.c. expresa que "*el reconocimiento otorgado por los incapaces o por quienes no puedan contraer matrimonio por razón de edad necesitará para su validez aprobación judicial con audiencia del Ministerio Fiscal*". El juez como dice DIEZ PICAZO y GULLON no suple la falta de capacidad del reconocedor sino que manifiesta su conformidad a disconformidad al acto.

El menor puede reconocer en todo caso siempre que tenga la capacidad que se le exige para contraer matrimonio. Esta opinión está sustentada por CICU en la doctrina italiana, y en la española por PÉREZ GONZÁLEZ y CASTÁN, que señalan que el "reconocimiento sirve de acceso a la patria potestad sobre los hijos naturales, del mismo modo que el nacimiento dentro de legítimo matrimonio da origen a la patria potestad sobre los hijos legítimos, y admitiendo el Código la posibilidad del matrimonio desde la pubertad, parece lógico estimar autorizado el reconocimiento a partir de las edades que marcan la aptitud fisiológica para la generación, y sobre todo a partir de la edad de catorce años, que señala para los dos sexos la capacidad para testar, y con ella el medio de cumplir las obligaciones derivadas del vínculo paternofilial".

Podemos concluir que los menores por su edad no sufren otro límite que el que impongan dos exigencias que, por sí, son distintas del requisito de la capacidad para el acto del reconocimiento: que el sujeto en el momento del reconocimiento ha de tener condiciones psíquicas suficientes (discernimiento, libertad) para realizar un acto, el reconocimiento, que es, por esencia, una decisión de la voluntad; y que el sujeto, en el momento de la geneación, ha de estar en dondicones para poder procrear. Son exigencias, estas dos, que han de cumplirse simpre, auqnue por la edad o capacidad de obrar sea indudable que el sujeto tiene ya capacidad para el acto de reconocer.

Analicemos con brevedad el asunto referido a la capacidad que para reconocer tienen los incapaces. El artículo 121 Cc en su términos literales es contradictorio: los que son incapaces son capaces. La contradicción se supera fácilmente dentro del sistmea del Código. Con la expresión "incapaces" no se refiere aquí el Código a la falta de aptitud mental;pues esto no sería un problema de capacidad sino de consentimiento y sin consentimeinto no hay reconocmiento ni puede la autoridad judicial suplir o compeltar ese requisito esencial. La expresión incapaces es empleada en el artículo 121 Cc para referirse a las personas que se encuentran en el estado civil de incapacitado. Pues bien, conforme a este precepto, los que están incapacitados son, no obstante, capaces para otorgar el reconocimiento; si bien lo son sólo limitadamente porque el reconcomiento otorgado requiere, entonces, la aprobación judicial. Naturalmente, habra de estar al dictado de la resolución judicial.

Podría cuestionarse si la regla del art. 121 C.c relativa a los incapacitados puede ser modulada por la sentencia que decare o modifique la incapacitación, dados los podres que el Código hoy confiere al Juez que la dicte para graduara la extensión y límites de la incapacidad del sujeto (cf. Arts. 171,267,287,289 Cc).

¿Puede el Juez suprimir, o restringir de otro modo, la capacidad que para reconocer confiere al incapacitado el artículo 121 Cc.?

Ha de tener, pues, el autor "suficiente juicio" como explica el Código Civil. Así vease el art. 162 Cc en las excepciones en la actuación de los representantes legales. Es decir, un nínimo de "condiciones de madurez" (cf. Art. 162-II. 1ª Cc) (se entiende, ahora, madurez de juicio), o de capacidad natural al modo de la que se exige para que los incapacitados puedan testar en un intervalo lúcido (cf. Art. 665 Cc), o para prestar el consentimiento (cf. Analogía art. 56 Cc).

El que un menor tenga o no esta aptitud es algo que habrá de decidirse en cada caso teniendo en cuenta el grado de desarrollo mental de cada sujeto.

3.2. El reconocimiento del nasciturus

Respecto de la madre no suscita problema el reconocimiento de hijo antes de su nacimiento. La regla *infans conceptus pro nato habetur quoties de commodo eius agitur* apoya esta consideración. En cuanto al reconocimiento anticipado del padre parece, como dicen COLIN y CAPITANT, que contrasta con la idea de que este acto debe referirse siempre a un individuo cierto y determinado; y mientras que no ha tenido lugar el nacimiento del hijo, no puede el hombre referir con suficiente certidumbre ese hijo a sus relaciones con la madre. A nuestro entender pensamos que, en nuestro derecho no hay obstáculo a admitir el reconocimiento, dado el tenor literal del art. 29 del Código Civil.

El Código civil no dice nada sobre el posible reconocimiento de la filiación extramatrimonial del *nasciturus* (distinguiéndose, así, de otros ordenamientos, como el alemán, donde el B.G.B.,, versíón de 1.969 en su parágrafo 1.600.b.2), permite explícitamente el reconocimiento de la filiación del *nasciturus*). Sin embargo, se trata de una vieja preocupación de la doctrina que la mayoría de la doctrina ha resuelto en sentido afirmativo, si bien con la reserva, precismanete, del respeto al art. 122 Cc.

3.3. El reconocimiento del hijo mayor de edad

En estos casos se requiere su cosentimiento y una vez pactado, es irrevocable

En este sentido dice el art. 123 C.c. que "*el reconocimiento de un hijo mayor de edad no producirá efectos sin su consentimiento expreso o tácito*". La razón de exigir la aquiescencia del mayor es obvia: puede no desear el mayor establecimiento de un vínculo sin el cual se le ha tenido, por lo menos durante toda su niñez y primera juventud. Por esto, sea cual sea la forma en que el reconocimiento se haya verificado no surta efecto si el hijo no consiente.

El consentimiento del reconocido se exige atendiendo a su interés o conveniencia (STS 22 marzo 1928 y Res. DGRN 9 noviembre 1969), pues con ello se impedirán reconocimientos no veraces sin necesidad de tener que impugnarlos judicialmente o los tardíos y egoístas intereses del progenitor, que sólo se acuerda del hijo cuando éste es rico, o célebre o si necesita de él. Pero algún autor opina que una relaicón jurídica tan importante como la de la filiación no debería quedar al albur de conveniencias o interes subjetivamente valorados del hijo, entendiendo que el autor del reconocimiento debería tener acción abierta para reclaamar la filiación cuya determinación se viera frustada por no consentir el hijo mayor de edad (RIVERO).

El consentimiento es requisito de eficacia del reconocimiento (a modo de *conditio iuris*) pero no de validez, por lo que, aun antes de que se dé el consentimiento, la declaración de reconocimiento ya vincula al reconocedor y es irrevocable (Res. DGRN 27 enero 1970), sólo que no produce todavía efectos como título determinativo o de una filiación.

3.4. El reconocimiento de hijos fallecidos

El reconocimiento de los ya fallecidos suscitó cuestiones de gran importancia. El problema surgió porque, por regla general, estos reconocimientos tardíos se hacían con el único fin de obtener la herencia del fallecido; pero como podían intervenir móviles buenos, la doctrina se fue inclinando hacia la admisibilidad. También surgió una postura intermedia, partidaria de un reconocimiento limitado, ya que sólo negaba a los padres el derecho a suceder a un hijo tardiamente reconocido. ¿Qué decir en nuestro derecho? No cabe duda que cuando el reconocido tiene a su vez sucesión debe ser meramente admitido, ya que resultan favorecidos los mentados descendientes. En cambio, cuando carece de sucesión y se vislumbra el propósito de obtener a través del reconocimiento el caudal que poseía el hijo, parece que va en contra de la moral la tardía e interesada declaración de paternidad.

Ahora bien, el art. 126 C.c. dice que "el reconocimiento del ya fallecido sólo surtirá efecto si lo consintieren sus descendientes por sí o por sus representantes legales".

El supuesto de hecho de la norma es la premorencia del reconocido. Pero algún autor lo amplía al caso de que el fallecimiento ocurra después del reconocimiento pero antes de que éste adquiera plena eficacia por no haber recaído todavía el preceptivo consentimiento o aprobación judicial. La Circular DGRN 2 junio 1981 acepta la utilización del art. 126 Cc para cuando el hijo no hubiese consentido en vida el reconocimiento, lo que es aceptable como medida favorable a sus descendientes.

¿Qué ocurrirá si, siendo varios los descendientes del reconocido fallecido, se producen discrepancias entre ellos? Según DE LA CÁMARA, es muy aventruado y excesivo exigir unanimidad en estos puntos: puesto que los descendeintes se convierten a su vez en posibles interesados en la herecia del reconocedor, resultaría improcedente hacer depender el beneficio hereditario de unos de la negativa de otro de ellos. Una línea doctrinal entiende que no es necesario el concurso de todos los descendientes, sino que basta que lo dé alguno de ellos, aunque en tal caso sólo a él alcance la eficacia del reconocimiento.

¿Y si se trata de reconocido que ha fallecido sin dejar descendientes? ¿Cabe que en algún caso el reconocimiento de filiación llegue a tener el valor de título de determinación legal de la filiación? La Ley no prevé ningún otro remedio. Ni siquiera para casos frecuentes y llamativos que parecen exigir otra solución práctica:los casos de reconocimientos de filiación otorgados al tiempo de inscribir el nacimiento.

Para que el reconocimiento tenga valor de título de determinación legal de la filiación (con eficacia, pues, erga omnes) debe ser prestado el consentimiento por todos los descendientes, matrimoniales o no matrimoniales. Debe entenderse, sin embargo, que no es necesario contar con los descendientes de ulterior grado mientras viva el descendiente a traveés del cual provienen del autor del reconocimiento: por lo mismo que, viviendo el reconocido, tampoco habrá de contarse con el consentimiento de los descendietnes del hijo (cf. Arts. 123 y 124 Cc).

3.5. Reconocimiento por apoderado

Como dice ALBALADEJO, a pesar de ese carácter personalísimo, *se admite que el reconocimiento tenga efecto por medio de representante.* Para ello, *el poder tendrá que ser especial y otorgado en documento público,* por lo que resulta de los arts. 87 y 1.280, nº 5º Cc. En realidad, el representante nombrado a tal efecto será un verdadero nuntius, un simple emisario portador de la voluntad de reconocer del progenitor. Como dice el autor citado, "sería inadmisible la verdadera representación". Basta pensar que no puede ser dejado al arbitrio del supuesto representante ni la designación del hijo que se deba reconocer, ni el hecho de si se ha de efectuar el acto del reconocimiento. Con ello, *el verdadero acto de reconocimiento será el otorgamiento del poder,* pues contendrá una declaración de paternidad hecha en documento público.

4. LA APROBACIÓN JUDICIAL DEL RECONOCIMIENTO DE UN MENOR O INCAPAZ

Dice el art. 124 C.c. lo siguiente:

La eficacia del reconocimiento del menor o incapaz requerirá el consentimiento expreso de su representante legal o la aprobación judicial con audiencia del Ministerio Fiscal y del progenitor legalmente conocido.

No será necesario el consentimiento o la aprobación si el reconocimiento se hubiere efectuado en testamento o dentro del plazo establecido para practicar la inscripción del nacimiento. La inscripción de paternidad así practicada podrá suspenderse a simple petición de la madre durante el año siguiente al nacimiento. Si el padre solicitara la confirmación de la inscripción, será necesaria la aprobación judicial con audiencia del Ministerio Fiscal.

El primer párrafo parte de la presunción según la cual el reconocimiento que se pretende formular, se lleva a cabo fuera de plazo para practicar la inscripción del nacimiento, y entonces requerirá para su eficacia el consentimiento del *representante legal*, ordinariamente la madre que como sabemos a tenor del art. 120-4º; cuando se hace constar la filiación materna en la inscripción del nacimiento, o bien la aprobación judicial.

No obstante el párrafo segundo prescinde de dicho consentimiento o la aprobación judicial; siempre y cuando el reconocimiento se produzca dentro del plazo ordinario para la inscripción del nacimiento, o bien se realice un reconocimiento en testamento, si se acredita el fallecimiento del reconocedor, (art. 188 R.R.C.) solo así obtendrá eficacia inmediata y se admitirá la inscripción del reconocimiento testamentario, pues en caso contrario –que una el reconocedor– el reconocimiento sería válido pero necesitaría para una eficacia el consentimiento del representante legal, si el reconocido es menor y/o la aprobación judicial, y si es mayor el reconocido, entonces su consentimiento expreso o tácito (art. 123 C.c.).

Esto supuesto, ¿cuándo por el contrario los reconocimientos efectuados dentro del plazo para practicar al inscripción del nacimiento, necesitan la aprobación judicial?

A tenor de la preceptuado en el párrafo segundo del art. 124, cuando el reconocedor fue el padre y la madre cuya filiación estuviese legalmente determinada pidiese durante el año siguiente al nacimiento, la suspensión de la inscripción de la paternidad así practicada, y el padre solicitase la confirmación de la inscripción.

Además esta facultad conferida a la madre está limitada a los reconocimientos de paternidad provenientes al nacimiento, y sin embargo aquella no puede actuar contra el reconocimiento de la paternidad que efectuase el padre tardíamente.

Las principales conclusiones que extraemos serían las siguientes:

1. En la expresión "menor" no están incluidos los emancipados, pues pueden regir su persona como si fuera mayor; además dejan de tener representante legal (cf. Arts 169 y 276-4º Cc). en la expresión "incapaz" no están comprendidos los declarados pródigos pues no están afectados, por la declaración de prodigalidad, los derechos y deberes personales del sujeto en las relaciones familiares (por todos PEÑA BERNALDO DE QUIROS).
2. En cuanto al incapacitado sujeto a curatela habrá de estarse a los términos de la sentencia (cf. Art. 287 y 289 Cc). Es evidente, pues una representación legal *lato sensu,* sino una complementación o habilitación del acto jurídico *ad hoc.*
3. El consentimiento del representante legal. En este punto como razona con acierto PEÑA BERNALDO DE QUIROS, la Ley no determina, al regular la filiación, quién ha de considerarse representante legal a estos efectos. Dependerá, pues, la solución de las normas generales sobre representación legal de menores e incapaces. Si están sujetos a la patria potestad del otro progenitor, será éste exclusivamente el facultado para prestar el consentimiento (cf. Art. 162 Cc). si está adoptado, el padre o padre adoptantes. Si están sujetos a tutela, el representante legal será el tutor (cf. Art. 267 Cc). además, habrán de tenerse en cuenta, en su caso, las especiales previsiones de la sentencia de incapacitación (cf. Arts. 171,210 y 267 Cc) o las especiales previsiones sobre organización y funcionamiento de la tutela (cf. Arts. 223 a 225, 233, 236, 237 Cc).
4. Si el reconocido está sometido a tutela ¿requerirá el tutor, para prestar el consentimiento, autorización judicial? Podría

entenderse que sí dado que según lo dispuesto en el artículo 271-2° Cc el tutor necesitará autorización judicial para realizar actos susceptibles de inscripción.

5. Si el reconocimiento se hubiere efectudado dentro del plazo establecido para practicar la inscripción del nacimiento (art 124 n°2 C.c). En este caso, el legislador elimina el requisito complementario del consentimiento o aprobación ulterior en consideración a que el padre (o madre) desde el inicio asume públicamente sus responsabilidades del progenitor. Efectivamente concluimos por nuestra parte ha cumplido su obligación paternofilial dentro del plazo ordinario de la inscripción del nacimiento.

6. Ser eficaz sin necesidad de que concurra el consentimeinto del representante legal ni la aprobación judicial es en cuanto constituye parte de un testamento y que, como tal testamento, vale cuando ha muerto el testador, ya que entonces el reconocimiento no reporta ninguna ventaja para su autor (puesto que su personalidad ha quedado extinguida) y sí para el reconocido (en relaicón con la herencia del testador).

   Esto no significa desconocer que aun antes de la muerte del testador el reconocimiento hecho en testamento puede producir efectos como reconocimiento. Si se testa ante Notario, el reconocimiento tiene ya la fuerza del hecho en documento público. Es, por supuesto, irrevocable (cfr. art. 741 Cc y S. 22 diciembre 1964). Y si, además, concurre el cosentimiento del representante legal o la aprobación judicial, tiene, aun antes de la muerte del testador, los efectos plenos del reconocimiento. Pero si no ha obtenido este consentimiento o esta aprobación, el reconocimiento no será eficaz como título de determinación legal hasta que el testador muera.

Conviene traer a colación el art 23-26 de la Ley de Jurisdicción voluntaria (Ley 15/2015 de 2 de Julio) que se refiere a los expedientes de jurisdicción voluntaria, referidos a la autorización o aprobación judicial del reconocimiento de la filiación no matrimonial.

Concretamente el citado art 23 LJV es una reformulación del art. 124 Cc. para una comprensión más dellada remitimos a nuestro estudio sistemático de la Ley de Jurisdicción Voluntaria dirigida por LLEDO YAGUE, Francisco, FERRER VANRELL, Mª Pilar, TORRES LANA, José Ángel, ACHON BRUÑEZ, Mª José en Edit. Dykinson 2016 páginas 151-179.

5. LOS TÍTULOS DE LEGITIMACIÓN DEL ART. 120 C.C. PARA LA DETERMINACIÓN DE LA FILIACIÓN EXTRAMATRIMONIAL. RECONOCIMIENTO VOLUNTARIO

5.1. Reconocimiento voluntario por declaración ante el encargado del Registro Civil (art. 120-1º C.C.)

Cuando el hijo es mayor de edad, la forma más sencilla de reconocimiento (entre las diversas para constatar registralmente la filiación extramatrimonial con posterioridad a la inscripción de nacimiento) es la que se realiza por declaración de quien reconoce afirmando la paternidad o maternidad, y la del reconocido aceptando el reconocimiento, formuladas por uno y otro, conjunta o separadamente, ante el encargado del Registro Civil correspondiente a su domicilio o domicilios; modalidad simple y gratuita y que, por referirse a mayor de edad, no precisa aprobación del Juzgado de 1ª Instancia.

El nº 1 del art 120 Cc ha tenido una modificación a tenor de la disposición final segunda de la Ley 19/2015 de 13 de Julio, de medidas de reforma administrativa en el ámbito de la administración de justicia, y así el nº 1 dice: que la filiación no matrimonial quedará determinada legalmente "en el momento de la inscripción del nacimiento por la declaración conforme realizada por el padre en el correspondiente formulario oficial a que se refiere la legislación del Registro Civil.

Este régimen de gran liberalidad en cuanto a la persona del declarante, quiebra tratándose de hijos extramatrimoniales;

Desarrollando la norma general del art. 120 C.c., los arts. 49 LRC y 185 RRC podemos resumir el reconocimiento voluntario a través de los siguientes títulos de atribución:

a) Mediante simple declaración hecha al tiempo de practicarse la inscripción ordinaria de nacimiento o dentro del plazo legal para practicarla.

b) En testamento, mediante una cláusula expresa de reconocimiento. Como dice el art. 188 R.R.C. "el reconocimiento de un menor o incapaz es inscribible, sin necesidad del consentimiento del representante legal ni de la aprobación judicial, cuando conste en testamento y se acredite la defunción del autor del reconocimiento. También es inscribible, sin necesidad de dicho consentimiento o aprobación, el reconocimiento de menores o incapaces otorgado en otro documento público dentro del plazo establecido para practicar la inscripción de nacimiento; en este caso la inscripción de paternidad podrá ser suspendida o confirmada de acuerdo con lo establecido en el Código Civil.

   Los reconocimientos inscritos conforme al párrafo anterior se notificarán al otro progenitor y, en su caso, al representante legal del nacido, y si este representante no fuera conocido, al Ministerio Fiscal. De haber fallecido el interesado, serán notificados sus herederos. Tales notificaciones se practicarán con arreglo a lo dispuesto por los párrafos primero y tercero del artículo 182.

c) En documento público (escritura pública, acta civil o canónica de celebración de matrimonio, acto de conciliación, o expediente de inscripción de nacimiento fuera de plazo) (art. 186 Reglamento del Registro Civil).

d) Mediante declaración emitida en cualquier tiempo ante el Encargado del Registro Civil.

Al margen de estas formas de reconocimiento voluntario, la filiación extramatrimonial puede también constatarse registralmente en virtud de sentencia civil o penal en la que se establezca el reconocimiento forzoso de dicha filiación.

5.2. Documento público de naturaleza no testamentaria (art. 120.2° C.c. *in fine*)

P. ej., escritura pública, acta civil o canónica de la celebración del matrimonio de los padres, capitulaciones matrimoniales, acto de conciliación. *No son aconsejables en ningún caso estas modalidades, pues tratándose del reconocimiento de mayores, es más sencillo el realizado por simple declaración ante* el encargado del Registro, y *tratándose de menores incapaces, es preferible el reconocimiento,* dentro del plazo ordinario para la inscripción del nacimiento, pues no se requiere la aprobación judicial.

Por tanto un reconocimiento en vida del testador otorgado por ejemplo, en testamento abierto no tiene eficacia inmediata, a no ser que cuente con el consentimiento del representante legal y/o la aprobación judicial, o si el reconocido es mayor, con un consentimiento.

Conviene resaltar además que la falta de eficacia inmediata del testamento se cohonesta con lo dispuesto en el p.I del art. 124, máxime si se entiende que el testamento en el sentido del párrafo segundo pudiera objetarse que puede ser cualquier documento con forma testamentaría y sin disposición por causa de muerte. Recuérdese en este sentido que la jurisprudencia ha calificado como testamento un reconocimiento hecho, utilizando forma testamentaría pero sin ninguna otra disposición (aunque dicho criterio se opone en sentido estricto al art. 667 C.c.)

La exégesis del art. 120.2° *in fine* del Código civil plantea la cuestión relativa a *lo que deba entenderse respecto a la frase "o en otro documento público"*, que como formalidad de carácter imperativo establece cuando el reconocimiento no se hace en acta de nacimiento o en testamento; es por lo pronto *obligada la referencia al artículo 1.216 del Código civil, en el que se dice que son documentos públicos* "los autorizados por un notario o empleado público competente, con las solemnidades requeridas por la ley", y a su vista, subrayar *la palabra "competente"* que la ley emplea y con la que indudablemente se quiere decir: 1) *Que el autorizante del documento debe estar legitimado para su autenticación por algún precepto legal*; 2) Que éste *no deberá ser objeto de interpretación analógica ni extensiva* si con ella se contraría la finalidad solemnizadora que la ley persigue; 3) Que *si ello no obstante, el contenido del documento desborda la competencia específica que la ley otorga al autorizante, se impondrá la ineficacia jurídica* de todo aquello que exceda de los límites de la facultad concretamente concedida al mismo, aunque ello, por regla general, no implique que lo autorizado o constatado dentro de la misma produzca sus debidos efectos.

5.3. Determinación de la filiación no matrimonial por expediente tramitado con arreglo a la ley del registro civil

A tenor de lo prescrito en el ordinal tercero del 120 puede determinarse la filiación no matrimonial por resolución recaída en expediente tramitado con arreglo a la legislación del Registro Civil.

Es decir, podrá inscribirse la filiación extramatrimonial mediante *expediente gubernativo aprobado por el Juez de Primera Instancia, siempre que no hubiera oposición* del Ministerio Fiscal o de parte interesada notificada personal y obligatoriamente, si concurre alguna de las siguientes circunstancias:

1ª. Cuando exista escrito indubitado del padre o de la madre en que expresamente reconozca la filiación.

2ª. Cuando el hijo se halle en la posesión continua del estado de hijo del padre o de la madre, justificada por actos directos del mismo padre o de su familia.

3ª. Respecto de la madre, siempre que se pruebe cumplidamente el hecho del parto y la identidad del hijo. Formulada oposición, la inscripción de la filiación sólo puede obtenerse por el procedimiento ordinario (art. 49 L.R.C.).

5.4. Determinación de la filiación no matrimonial por sentencia firme

Es otro de los modos de determinar la filiación extramatrimonial, es decir supone un "reconocimiento forzoso" derivado del ejercicio de acciones de filiación que serán objeto de análisis en concreto en otro capítulo (art. 120.41 Cc).

5.5. En relación al ordinal 5 del citado art. 120

"la filiación no matrimonial quedará determinada legalmente:

4°. Respecto de la madre, cuando se haga constar la filiación materna en la inscripción de nacimiento practicada dentro del plazo, de acuerdo con lo dispuesto en la Ley de Registro Civil".

Filiación materna

Cuando la filiación materna está ya determinada legalmente, por coincidir en ella el parte o comprobación reglamentaria y la identidad el hijo (art. 47 L.R.C. y art. 120-4 y 122 C.c.), el padre que promueve *dentro de plazo* la inscripción de nacimiento, puede expresar a efectos de hacer constar en el Registro la filiación materna, la persona con quien hubiere tenido el hijo (art. 181 R.R.C.).

Repárese asimismo en que el propio Código Civil en el art. 120-4 remite a la ley adjetiva; de modo que el ordinal 4° del citado precepto implica una determinación de la filiación no matrimonial por constancia de la filiación materna en la inscripción de nacimiento practicada dentro de plazo (art. 42 L.R.C.).

La constancia en el Registro de la filiación materna supone un reconocimiento informal tácito, siempre que no medie una expresa oposición de la madre.

Lo que no se expresa con claridad en el Reglamento del Registro Civil son las facultades que tiene la madre para reaccionar registralmente contra esa atribución de la maternidad no matrimonial.

Naturalmente el art. 47 L.R.C. regula con suficiente claridad esta circunstancia. Así en la inscripción del nacimiento constará la filiación materna siempre que en ella coincidan la declaración (de la persona en cuya virtud se practica la inscripción) y el parte o comprobación reglamentaria (parte expedido por el médico, comadrona, ATS, que haya asistido al parto).

La mención de esta filiación podrá suprimirse en virtud de sentencia o por desconocimiento de la persona que figura como madre ante el Encargado del Registro. Este desconocimiento no podrá efectuarse transcurridos 15 días de aquella notificación.

CAPÍTULO 3
LAS ACCIONES DE FILIACIÓN

1. LA RECLAMACIÓN DE LA FILIACIÓN CON POSESIÓN DE ESTADO. EL OMNICOMPRENSIVO ART. 131 C.C.

En este sentido es taxativo el párrafo primero del art. 131: “Cualquier persona tiene acción para que se declare la filiación manifestada por la constante posesión de estado”.

Llama la atención primero que lo que insta no es sólo la acreditación del título de legitimación (posesión de estado) que prueba la filiación, sino un pronunciamiento judicial acerca de la filiación que revela aquél.

Otra diferencia radica en torno a la legitimación. Se observa en el artículo 131 una legitimación desmesurada: “cualquier persona con interés legítimo”, no sometida dicha acción a ningún plazo de prescripción. Se argumentaba en los trabajos parlamentarios que se debía ser forzosamente restrictivo al conceder dicha legitimación, dado que ésta es una materia que atañe a la intimidad de las personas y que puede ocasionar graves trastornos a la estabilidad de la familia (arts. 18.1 y 39.1 de la Constitución). Así se dice en la sentencia de 26 de junio de 2002 de la Audiencia Provincial de Cádiz.

> *“En procesos de reclamación, si concurre la posesión de estado, se amplía la esfera de la legitimación activa porque la notoriedad derivada de la misma faculta a cualquier persona para que constate judicialmente lo que de hecho sucede en la realidad; si no concurre, al no coincidir la realidad fáctica con la filiación pretendida, se reduce la esfera*

de legitimación a las personas afectadas estrictamente.

Para reclamar la filiación, matrimonial o no, manifestada por la constante posesión de estado, goza de legitimación activa toda persona portadora de un "interés legítimo", concepto más restringido que el simple interés y más amplio que el interés directo".

Parece que esta excesiva legitimación atenta a la estabilidad que debe caracterizar al estado civil de las personas; es obvio que este interés legítimo actual lo tendrán si viven el hijo y el presunto progenitor; y en el supuesto de que hubiera fallecido el hijo (si éste cuando murió gozaba de la constante posesión de estado), sus descendientes (que ya tienen un interés legítimo), estableciéndose, eso sí, un plazo.

En cambio, si no hay posesión de estado en las relaciones familiares se limita, cercena el círculo de los legitimados (art. 132.1) al padre, madre, hijo en la filiación matrimonial, y, en el supuesto de filiación no matrimonial (art. 133.1), sólo al hijo, no otorgándosela a los presuntos progenitores, que no tendrán otro camino que acudir al reconocimiento; si el hijo es menor de edad se deberá contar con el consentimiento del representante legal, y si es mayor, con su propio consentimiento.

Por lo tanto el fundamento de la posibilidad de ejercicio de la acción reclamación de la filiación recogida en el artículo 131 del Cc, es el propio texto constitucional, en concreto el llamado principio de verdad biológica y de libre investigación de la paternidad (art. 39.2 CE). En el caso que tratamos esta opción constitucional justifica la posibilidad que el afectado (en la sazón recurrente) pueda reclamar que conste la verdad biológica y que se reconozca a Sheila como su hija, por el mero hecho de ser, de hecho, su padre.

El apoyo legal que tiene el padre para ejercer el principio de verdad biológica, es el artículo 131 Cc, que dispone: "Cualquier persona con interés legítimo tiene acción para que se declare la filiación manifestada por la constante posesión de estado".

Así pues el padre podrá obtener apoyo para su demanda de paternidad no sólo en el art. 131 Cc en los casos de posesión de estado, y cuando éste no pueda probarse, en el art. 133 Cc.

En conclusión, el actor, tendrá legitimación activa aunque falte la posesión de estado, siempre y cuando cumpla con la obligación del art. 767.1 LEC presentando en su demanda “un principio de prueba de los hechos en que se funde”.

El artículo 131 CC conforma la acción de declaración de filiación –o de reconocimiento de filiación– atendiendo a la concurrencia conjunta de dos requisitos o elementos constitutivos; interés legítimo y posesión de estado.

La posesión de estado se ha entendido como el concepto público en que es tenido un hijo con relación a su padre natural, cuando este concepto se forma por actos directos del mismo padre o de su familia, demostrativos de un verdadero reconocimiento perfectamente voluntario, libre y espontáneo. Asimismo, se ha concluido que los elementos o requisitos tradicionalmente exigidos para la existencia de una “posesión de estado son: el “nomen” o utilización habitual en el hijo del apellido del supuesto padre o madre, el “tractatus” o comportamiento material y afectivo propio de la relación de filiación y dispensado por el progenitor o su familia, elemento este último que se ha visto aparejado al de “posesión por notoriedad pública”, y el tercer elemento sería la “fama” consideración externa de terceros en la situación permanente de “hecho” de considerarla como justificación paterno/materno filial.

2. LA RECLAMACIÓN DE LA FILIACIÓN MATRIMONIAL SIN POSESIÓN DE ESTADO. EL ART. 132 C.C

En el supuesto que no exista en las relaciones familiares posesión de estado, se restringe el ámbito de los legitimados para reclamar esta filiación. En este caso, el legislador entiende que el interés legítimo lo tienen exclusivamente, los padres –unidos por el vínculo matrimonial, y que a la sazón son los progenitores del hijo nacido, que no esta inscrita su filiación, como hijo matrimonial de aquellos.

Naturalmente ello implica, que los padres, deberán reclamar la filiación matrimonial, derivada del nacimiento del hijo constante matrimonio, pero asimismo a tenor de loa preceptud en el párrafo segundo del art. 113 y en el párrafo segundo del art. 131, deberán impugnar la filiación contradictoria. Es más, es una obligación y no una facultad, porque así lo exige imperativamente el dictado del art. 134 C.c.

3. LA RECLAMACIÓN DE LA FILIACIÓN NO MATRIMONIAL CUANDO FALTE LA RESPECTIVA POSESIÓN DE ESTADO

El art. 133 Cc dice la acción de reclamación de filiación no matrimonial, cuando falte la respectiva posesión de estado, corresponderá al hijo durante toda su vida.

Si el hijo falleciere antes de transcurrir cuatro años desde que alcanzare mayoría de edad o recobrare capacidad suficiente a tales efectos, o durante el año siguiente al descubrimiento de las pruebas en que se funde la demanda, su acción corresponderá a sus herederos por el tiempo que faltare para completar dichos plazos.

2. Igualmente podrán ejercitar la presente acción de filiación los progenitores en el plazo de un año contado desde que hubieran tenido conocimiento de los hechos en que hayan de basar su reclamación.

Esta acción no será transmisible a los herederos quienes solo podrán continuar la acción que el progenitor hubiere iniciado en vida.

Esta redacción del precepto ha sido modificado por la Ley de la Protección de la Infancia y Adolescencia.

Concretamente por el art. 2, punto tres de la citada Ley.

Recordemos que a tenor de la redacción dada por la Ley 13/1981, solo confería legitimación al hijo, y la acción era imprescriptible. Los años posteriores tanto la doctrina como la jurisprudencia se encargaron de criticar esta omisión del "progenitor biológico" por entenderlo contrario a la Constitución (art. 39). En este sentido el párrafo primero (que solo otorga la legitimación al hijo) fue declarado inconstitucional por la Sentencia del TC de 27 de octubre de 2005.

Y así se concluía que el padre biológico tiene legitimación, y ello frente a una versión literalista de los arts. 133 y 134 del Cc, se imponía una interpretación flexible que resultaba más acomodada a los principios y la filosofía de la institución de la filiación, y así toda vez que el art. 134 legitimaba, en todo caso al progenitor para impugnar la filiación contradictoria, también le está habilitando para que pueda ejercitar la acción de reclamación de filiación extramatrimonial entre otras STS 22 de marzo de 2002, R;j 2002, 2282).

La jurisprudencia posterior, fue coherente en esta doctrina y concedía legitimación al progenitor biológico (aun careciendo en las relaciones familiares de la posesión de estado) porque era una manifestación del principio de la protección de la persona (art. 10 CE) (véase STS 2571/2012 (Ponente Encarnación roca Trías).

A mayor abundamiento en otras sentencias como la del TS de 2012 (Roj 2570/2012) se concluía que la finalidad de la regla del art. 133 Cc, en que el transcurso del tiempo no de constituir un obstáculo para el ejercicio de la acción en el momento en que surja el conocimiento de la filiación. "la imprescriptibilidad es una norma de cobertura dictada para fines distintos a los que se han utilizado y se ha burlado para conseguir otros derechos protegidos en el ordenamiento jurídico, como la seguridad, el derecho al honor y la intimidad familiar y el ejercicio de los derechos con arreglo a la buena fe".

Así las cosas el dictado literal del actual art. 133 Cc. considera en su nº 2 lo siguiente: "igualmente podrán ejercitar la presente acción de filiación los progenitores en el plazo de un año contado desde que se hubieran tenido conocimiento de los hechos en que hayan de basar la reclamación".

En realidad el *quid* de la cuestión radica en entender la locución "desde que hubieran tenido conocimiento de los hechos..." Es decir, a nuestro juicio desde que el demandante tuvo un conocimiento cierto, y no meras dudas de su paternidad biológica (véase STS 5712/2013). Por ejemplo, cuando el presunto progenitor conoce el resultado de una prueba de ADN. En tal sentido, este documento médico puede determinar el *dies a quo* para el inicio del plazo del ejercicio de la acción (a fortiori repárese en la STS 5677/2012).

Esta acción, solo puede ser ejercitada por los herederos según expresa el párrafo final del art 133 Dc cuando el "progenitor" la hubiese iniciado en vida (lo que no ocurre en el caso de la impuganción de la filiación matrimonia (véase art 136-p 3) que permite al heredero ejercitar la acción "iure propio". En el caso de impugnarse la filiación no matrimonial (art. 140 Cc) y también el art. 133 Cc en cuanto a la "transmisión derivativa de la acción (ya iniciada por el progenitor fallecido), se diferencia de la impugnación del "reconocimiento de la filiación" (art 141 Cc) pues en este caso el citado precepto permite a los herederos "ejercitar o continuar la acción..."

Otra cuestión interesante ligada con la anterior es que se hable en el art 133 Cc (como en los preceptos de la impugnación –arts. 136, 140, 141 Cc– de "herederos", sin que el legislador aclare si se refiere solamente a los forzosos, y/o también a los herederos abintestato o incluso herederos voluntarios. A nuestro juicio, es coherente pensar que deben serlo exclusivamente aquellos que ostenten la condición de herederos forzosos.

En realidad, la filosofía que subyace en el art. 133 Cc, es que el transcurso del tiempo no constituya un obstáculo para el ejercicio de la acción en el momento en que surja el conocimiento de la filiación.

Sin embargo en nuestra opinión no deja de ser un criterio que perturba la estabilidad de las relaciones de filiación. Pensemos que ese "conocimiento" ocurre al cabo de cuarenta años, entonces ¿el presumible progenitor biológico, contaría con el plazo de un año para ejercitar la acción? Entendemos que sería un claro atentado contra el artículo 7.1 Cc que exige que los derechos se ejerciten conforme a las reglas de la buena fe.

4. LA LEGITIMACIÓN DE LOS HEREDEROS EN LA RECLAMACIÓN DE LA FILIACIÓN MATRIMONIAL Y NO MATRIMONIAL SIN POSESIÓN DE ESTADO (ARTS. 132-2º Y 131-1º PÁRRAFO SEGUNDO)

Observamos que es una nota común en el ejercicio de las acciones de reclamación de la filiación, ora matrimonial ora extramatrimonial, la existencia en las relaciones familiares de la posesión de estado, decisiva a la hora de la legitimación. En tal sentido, nos centramos ahora en el estudio del art. 131, párrafo primero, que dice: "Cualquier persona con interés legítimo tiene acción para que se declare la filiación manifestada por la constante posesión de estado".

En primer lugar choca el criterio omnicomprensivo adoptado por el legislador en relación con quién puede resultar legitimado. La latitud de la expresión empleada no puede conducirnos a la conclusión de que estamos en presencia de una acción pública; sólo podrá ejercitarla quien demuestre un interés legítimo, que puede ser tanto personal como patrimonial. Además, como es imprescindible en los procesos de investigación de la paternidad el requisito, previo a la admisión de la demanda, del principio de prueba de los hechos en que se funde, quedará a la discrecionalidad del juez la valoración prudente del susodicho interés legítimo.

De todas maneras, el párrafo segundo del mentado precepto (se exceptúa el supuesto en que la filiación que se reclama contradiga otra legalmente determinada) restringe la legitimación *lato sensu* del párrafo primero.

Esto supuesto, las hipótesis más frecuentes que puedan plantearse en torno a la reclamación de la filiación no matrimonial (sin posesión de estado) se darán cuando lo que se pretenda sea la reclamación de la filiación paterna, constando inscrita la correspondiente filiación materna.

En caso del fallecimiento del hijo dispone el párrafo segundo de los arts. 132 y 133 lo siguiente: "Si el hijo falleciere antes de transcurrir cuatro años desde que alcanzara plena capacidad o durante el año siguiente al descubrimiento de las pruebas en que se haya de fundar la Demanda, su acción corresponde a sus herederos por el tiempo que faltase por completar dichos plazos".

La doctrina más actualizada sobre la filiación, refiriéndose a la transmisibilidad de las acciones a los herederos, respecto al artículo 132, párrafo 2° del C.c. y133-1° párrafo segundo ha concluido con razón que dado que la ley no habla de cuatro años ininterrumpidos, y durante este plazo el hijo ha estado personalmente imposibilitado de reclamar por sí, la acción se concede a los herederos por el tiempo que falta para completar los plazos. En el ejemplo propuesto, los herederos disponen del plazo de dos años (los que duró la incapacitación) para ejercitar la acción (por todos, OCAÑA).

En conclusión, en el plazo de los cuatro años no se cuenta el tiempo en que el hijo estuviere incapacitado total o parcialmente para regir su persona, han de transcurrir cuatro años con plena capacidad. No se exige que los cuatro años sean ininterrumpidos (en este supuesto, la acción corresponde a los herederos no por un plazo entero de cuatro años sino por el tiempo que faltase para completar dicho plazo). En el caso de que el hijo falleciere durante el año siguiente al descubrimiento de las pruebas en que se funde la demanda. Se entiende que no corre el año en tanto el hijo no sea plenamente capaz. "Se entiende" descubiertas por el hijo, aunque las pruebas sean conocidas por los representantes legales, tampoco vale, para conferir legitimación a los herederos, que las pruebas sean descubiertas por ellos. En el supuesto ahora contemplado, la acción corresponde a los herederos no durante un año sino por el tiempo que faltase para completar dicho plazo descontando, por tanto, el plazo que va desde el descubrimiento hasta la muerte del hijo (por todos PEÑA BERNALDO DE QUIROS).

5. LA ACCIÓN MIXTA: EL EJERCICIO DE LA ACCIÓN DE RECLAMACIÓN CONFORME AL ART. 134 C.C

Dice el art. 134 C.c que: "El ejercicio de la acción de reclamación, conforme a los artículos anteriores, por el hijo o por el progenitor permitirá en todo caso la impugnación de la filiación contradictoria".

A nuestro juicio, puede reflexionarse lo siguiente: en base a lo dispuesto en dicho precepto, cuando el reclamante, hijo o progenitor, tenga por finalidad reclamar como acción principal la filiación matrimonial o extramatrimonial que competa por naturaleza al hijo, se le permite impugnar secundariamente la filiación contradictoria a aquella que se pretenda declarar. En más, en base a este razonamiento, cabría argüir que, como el texto del art. 134 establece se que permitirá en todo caso la impugnación de la filiación contradictoria, cabe la posibilidad de que el reclamante impugne una filiación en la cual no está legitimado activamente.

Es interesante recabar la sugerente observación de ALBALADEJO cuando dice que "parece que la acción de reclamación, lo mismo se interponga por el hijo que por el progenitor, autoriza siempre a la impugnación de la filiación contradictoria con la reclamada aunque el reclamante no disponga de acción autónoma de impugnación de esa filiación contradictoria".

Las conclusiones que deducimos son que se puede impugnar esa filiación matrimonial, aunque el tercero no esté legitimado, porque plantea la acción como secundaria de otra principal, cual es la reclamación de la filiación paterna extramatrimonial, y porque esta exégesis va en consonancia con la razón teleológica de dicha norma, que es establecer al veracidad del vínculo cuando exista un principio de prueba suficiente que justifique la interposición de la acción de reclamación, en aras al interés real del hijo en ver constatada la verdad biológica en la relación de filiación paterna o materna que por naturaleza le compitiera.

De acuerdo con la citada sentencia de 22 de marzo de 2002, hay que señalar que esta tesis se ha mantenido en las sentencias posteriores, de modo que «al superarse la literalidad del artículo 133 del Código civil que atribuye sólo legitimación al hijo, para decidirse por una interpretación más flexible, la que resulta más acomodada a los principios y filosofía de la institución de la filiación, como a su finalidad y toda vez que el artículo 134 del Código civil legitima, en todo caso, al progenitor para impugnar la filiación contradictoria, también le está habilitando para que pueda ejercitar la acción de reclamación de filiación extramatrimonial. Tal legitimación ha de ser entendida no sólo para el proceso, sino también para la titularidad de la acción de defensa de un interés protegible y este interés existe y se presenta legítimo en casos como el presente en relación del padre biológico» (sentencia de 22 de marzo de 2002).

6. LA IMPUGNACIÓN DE LA FILIACIÓN MATRIMONIAL

Art. 136. 1. El marido podrá ejercitar la acción de impugnación de la paternidad en el plazo de un año contando desde la inscripción de la filiación en el Registro Civil. Sin embargo, el plazo no correrá mientras el marido ignore el nacimiento. Fallecido el marido sin conocer el nacimiento, el año se contará desde que lo conozca el heredero.

2. Si el marido, pese a conocer el hecho del nacimiento de quien ha sido inscrito como hijos usyo, desconociera su falta de paternidad

biológica, el cómputo del plazo de un año comenzará a contar desde que tuviera tal conocimiento.

3. Si el marido falleciere antes de transcurrir el plazo señalado en los párrafos anteriores, la acción corresponderá a cada heredero por el tiempo que faltare para completar dicho plazo.

La redacción de este precepto es acorde con lo dispuesto por el art 2-4 de la Ley de Protección de la Infancia y Adolescencia (Ley 2015). El antecedente de este artículo en su párrafo primero fue declarado inconstitucional por la STC del TC de 26 de mayo de 2005. En el actual texto, si bien se mantiene el dictado literal igual que su precedente; sin embargo se ha añadido el ordinal 2, que permite al esposo, aun inscrita la paternidad matrimonial, impugnar la misma, en el plazo de un año desde que tuviera conocimiento de su "falta de paternidad biológica".

En este punto, el legislador, ha asumido la doctrina jurisprudencial de sentencias como la STS 57/2013 o la STS de 20 de febrero de 2012 (nº 73/2012), o bien la STS de 3 de octubre de 2008, que entendían que el inicio del cómputo de caducidad debería realizarse desde que el progenitor tuviera conocimiento cierto de su falta de paternidad biológica…". Efectivamente, se argüía en la doctrina de estas sentencias que la absoluta caducidad de la acción (como planteaba el anterior texto del art. 136 Cc) podía dejar sin tutela el interés de la impugnación en aquellos casos en que el marido descubriese la irrealidad de su paternidad "extemporáneamente".

Ahora bien, aun aceptando este sensato y racional planteamiento que vela por la tutela judicial efectiva, no estaría de más llamar la atención sobre la cuestión que si este "desconocimiento cierto de la falta de veracidad en la paternidad biológica" se produjera cuando el presunto padre, –marido– tuviese por ejemplo ochenta años, supondría que hasta los ochenta y uno podría impugnar, con lo cual nos parece que ello colisionaría también con otros bienes jurídicos como la seguridad y paz familiar. Es decir, en la pugna entre la veracidad biológica versus estabilidad familiar, se ha optado por un criterio que nos recuerda el adagio del pates es quem sanguis demostrat… (que explicábamos en la reforma de filiación). A nosotros, se nos ocurre por dar una solución alternativa, que el legislador podía haber acogido por analogía el criterio que establece para impugnar la filiación no matrimonial con posesión de estado, que no permite el ejercicio de la acción pasados cuatro años, desde que el hijo una vez inscrita la filiación, goce de la citada posesión (art 140 segundo) ¿por qué este diferente trato cuando la impugnación lo es de una filiación matrimonial, que permite la impugnación en todo caso?

Se trata de refutar la presunción de paternidad que ostenta el marido –presunto padre– respecto de los hijos que concibe su esposa constante matrimonio y después de los 180 días siguientes a la celebración del mismo.

Existen, en nuestra opinión, dos cuestiones fundamentales a la hora de determinar la acción constitutiva de estado del art. 136 C.c. La primera la constituyen la idónea nominación de los legitimados activamente en el ejercicio de la acción, y el problema de la legitimación pasiva, según quién interponga la acción. La segunda consiste en la dificultad de establecer el momento a partir del cual debe comenzar a computarse el plazo de caducidad. En ambos puntos difieren la doctrina y la jurisprudencia clásica, no sólo hispanas, sino también extranjeras.

Llama la atención, por un lado el distinto tratamiento que dispensa el legislador a los legitimados en la impugnación de la filiación matrimonial (muy restrictivo el criterio), frente a la laxitud del ejercicio que legitima en sentido más amplio a la impugnación de la filiación extramatrimonial (art. 136 *versus* 140 del C.c).

Ya no parece que en la filiación matrimonial el principio de la "paz familiar" fuese preponderante al criterio de la verdad biológica, trasunto del principio constitucional de la investigación de la paternidad (art. 39 Cc), porque se permite impugnar cuando el conocimiento de la falta de paternidad sea cierto, lo que puede ocurrir extemporáneamente, como he visto supra.

Si nuestra anterior regulación monopolizaba el ejercicio de la acción en el marido como único interesado en el vínculo de filiación, nuestro reciente legislador ha ampliado el ejercicio de la acción también al hijo, pero ha obstaculizado el ejercicio iure proprio de la madre.

Del tenor literal del párrafo citado colegimos que no tipifica ninguna legitimación activa para el supuesto de muerte del nuevo marido, o de la mujer, de suerte que los herederos, por ejemplo, en el caso de fallecimiento del segundo marido de la mujer, no podrán obrar juntamente con ésta en litisconsorcio activo para demandar la paternidad del primer marido de aquélla.

7. TRANSMISIBILIDAD DE LA ACCIÓN DE IMPUGNACIÓN DE LA FILIACIÓN MATRIMONIAL A LOS HEREDEROS (ART. 136 C.C)

El párrafo tercero del art. 136 Cc. establece que si el marido falleciese antes de transcurrir el plazo señalado en el párrafo anterior, la acción corresponde a cada heredero por el tiempo que faltase para completar el plazo. Asimismo el apartado del párrafo primero in fine dice que fallecido el marido sin conocer el nacimiento, el año se contará desde que lo conozca el heredero.

Así las cosas debemos extraer las siguientes observaciones.

En cuanto a los herederos del marido, se establece, que cada heredero individualmente podrá ejercitarla (art. 136.2°), si falleciere aquél antes de que transcurriere el año, y siempre que la entable antes de que transcurriere ese año, y siempre que la entable antes de que tanscurra ese año, a no ser que no conozca el nacimiento, pues en tal caso regirá el mismo plazo y cómputo que para el marido: desde que conozca el nacimiento (art. 136.3°).

> *"El marido como regla general cuando no hubiese dudas sobre su "no paternidad" dispone del plazo de un año computado desde la inscripción de la filiación en el Registro Civil. Ahora bien, aun así si realmente de forma sobrevenida conociese realmente, de forma indiscutible su no paternidad. En este caso el legislador permite, que el diez a quo, del plazo del año volviese a computarse desde el hecho que desconociera su falta de paternidad biológica. Es un plazo de "gracia", ex novo, que concede el legislador en aras a reconocerle la tutela judicial efectiva de su derecho, en cualquier momento, lo que puede resquebrajar, como hemos referido más arriba una estabilidad en la relación de filiación mantenida con inquebrantable posesión de estado a lo largo de los años...*

8. LEGITIMACIÓN QUE OSTENTA EL MINISTERIO FISCAL

Dice el art 137 Cc párrafo segundo "El ejercicio de la acción, en interés del hijo que sea menor o tuviere la capacidad modificada judicialmente, corresponderá, asimismo, durante el año siguiente a la inscripción de la filiación, a la madre que ostente la patria potestad, a su representante legal o al Ministerio Fiscal (redactado y actualizado a tenor de lo prescrito por el art 2.5 de la Ley de Protección de la Infancia).

Al respecto estimamos que hubiera sido más conveniente que, en vez de conceder a éste una acción que caduca al año siguiente de la inscripción de la filiación en el Registro Civil del hijo menor o incapaz, se le hubiera otorgado una acción que durase hasta que el hijo fuera mayor o recobrara la capacidad. Es obvio que de lege lata; si ha transcurrido el año y no ha interpuesto la oportuna demanda, no podrá interponerla después, ya que habría caducado su derecho a impugnar.

Este planteamiento que expresa nuestro legislador en relación con el plazo de impugnación de que dispone el Ministerio fiscal merece nuestra crítica, ya que con él no se beneficia en modo alguno el interés real del hijo, ya que si éste sufre las consecuencias de su origen extramatrimonial en su intergración en las relaciones familiares matrimoniales cuando ya ha transcurrido el año de ejercicio de la acción, es evidente que entonces el ministerio fiscal no ostentará ya legitimación activa y habrá que esperar a que el hijo llegue a ser mayor de edad, o, si está incapacitado, a que recobre totalmente la capacidad legal. Consecuentemente, creo que se respetaría mejor el beneficio o interés del hijo si, a pesar de que hubiera transcurrido inicialmente el año de la inscripción de la filiación en el Registro civil, no existiera impedimento alguno para que hasta la llegada de la mayoría de edad (mutatis mutandis emancipación), o recuperación de la capacidad, el ministerio fiscal pudiera entablar demanda si tiene en tal período conocimiento de hechos reveladores del origen extramatrimonial del hijo. ¿No es más justa esta solución que la que ha adoptado el legislador en el art. 137 C.c.?

9. ALGUNAS NOTAS EN TORNO A LA LEGITIMACIÓN DEL HIJO EN LA IMPUGNACIÓN DE LA FILIACIÓN MATRIMONIAL. LA LEGITIMACIÓN ACTIVA EN LA IMPUGNACIÓN DE LA FILIACIÓN MA TRIMONIAL

Establece el art. 137 1° del Cc dice que "La paternidad podrá ser impugnada por el hijo durante el año siguiente a la inscripción de la filiación. Si fuere menor o tuviere la capacidad modificada judicialmente, el plazo contará desde que alcance la mayoría de edad o recobrare capacidad suficiente a tales efectos.

En conclusión:

1) Si es menor de edad, cuando llegue a la mayoría de edad, o mutatis mutantis emancipación, lo podrá hacer durante el año siguiente a la concurrencia de estos eventos, siempre y cuando la filiación estuviera inscrita. Luego, a contrario, si no consta la inscripción de la filiación, el plazo comenzará a transcurrir a partir de la oportuna inscripción, computándose desde ese momento el dies a quo del transcurso del año para ejercitar la acción.
2) Si el hijo estuviere incapacitado (es decir, tuviera la capacidad modificada judicialmente) durante la minoría de edad, entonces el plazo empezará a correr a partir del momento en que recupere la plena capacidad, es decir, a partir de la sentencia en la que se le declare capaz, siempre y cuando la inscripción de la filiación conste registralmente, porque, como veíamos en el caso anterior, si no consta la inscripción el plazo comenzará a transcurrir a partir de la subsanación de dicha circunstancia.
3) Si el hijo está inscrito como matrimonial y vive en las relaciones familiares con la posesión de estado de hijo matrimonial, pero ha trascurrido el plazo de un año dice el art 137-2° lo siguente "si el hijo pese a haber transcurrido más de un año desde la inscripción en el Registro, desde su mayoría de edad o desde la recuperación de la capacidad suficiente a tales efectos, Desconociera su paternidad biológica de quien aparece inscrito como su progenitor, el cómputo del plazo de un año comenzará a contar desde que tuviera conocimiento."

Lo cual posibilita que el hijo pueda impugnar la filaición matrimonial "extemporáneamente" en cualquier momento, que conociera la "veracidad del vínculo biológico" lo que puede conllevar que si la acción se ejercita "muy tarde" la filiación matrimonial inscrita puede impugnarse quizá en un momento en el que la estabilidad de la relación de filiación se hubiera consolidado en el tiempo. Aunque también es cierto, que en esta colisión de intereses el legislador ha tomado partido por la verdad biológica frente a la verdad forma, pero sólo en la filiación matrimonial, porque en la filiación extramatrimonial, nadie "excepto los hijos", pueden impugnar la filiación pasados cuatro años desde la inscripción de la filiación con posesión de estado (art 140 párrafo segundo).

4) El párrafo final del art. 137 Cc. dice: no existiendo posesión de estado en las relaciones familiares la demanda podrá ser interpuesta en cualquier tiempo por el hijo o sus herederos.

En conclusión: la acción es imprescriptible, y no caducable, se puede ejercitar en cualquier tiempo, sin esperar a la mayoría de edad, emancipación o recuperación de la plena capacidad. Y los herederos pueden plantear la acción a diferencia de lo que examinábamos con anterioridad, aunque el hijo no lo hubiera planteado en vida.

10. LA IMPUGNACIÓN EN LA FILIACIÓN NO MATRIMONIAL: LEGITIMACIÓN Y PLAZOS

El Código Civil establece el ámbito de la legitimación considerando la existencia en la situación familiar extramatrimonial del concepto jurídico de la posesión de Estado. De tal manera, que existe la carencia de la posesión de estado de carácter permanente en las relaciones de estado familiar, se amplía el círculo de los legitimados activamente para plantear la acción de impugnación, bien sea la filiación de los paterna no matrimonial o la filiación materna no matrimonial, a aquellos a quienes perjudique, puesto que, al contrario de lo que acontece en la filiación matrimonial, en la extramatrimonial la determinación legal de ésta es divisible. Otra característica que dimana de la falta de posesión de estado es la no sujeción a un plazo de caducidad, aunque se discute si la acción es imprescriptible (art. 1936), como es todo lo atinente al estado civil y filiación que está fuera del comercio de los hombres o si está sujeta a un plazo quincenal, como interpreta la jurisprudencia en la inteligencia exegética del anterior art. 138, que aludía a la impugnación del reconocimiento de los hijos naturales y que constituye el antecedente inmediato del actual art. 140. Existiendo posesión de estado en las relaciones familiares, la acción de impugnación de la filiación no matrimonial se restringe a quien aparece como hijo o progenitor y a quienes resulten afectados en su calidad de herederos forzosos.

11. LA FILIACIÓN EXTRAMATRIMONIAL (PATERNA Y/O MATERNA SIN POSESIÓN DE ESTADO EN LAS RELACIONES FAMILIARES)

Como explica RIVERO HERNÁNDEZ, “A falta de posesión de estado, se abre al máximo la legitimación activa: todos aquellos a quienes perjudique, sin quedar sometido a plazo de caducidad alguno”.

Hará falta matizar cómo se debe entender cuándo existe ese “perjuicio” que legitima: si basta con alegar un perjuicio cualquier, moral o económico, en base a la vaguedad con la que la ley se expresa, o debe ser serio y actual, no eventual, hipotético o lejano, para el actor, derivado de la filiación que se impugna, acorde con lo que la Jurisprudencia mantenía conforme a la anterior regulación (no sólo os herederos forzosos o abintestato, sino también quien tuviera que compartir los apellidos con el hijo, o se viesen privados de un título nobiliario), sin que desde luego ello pueda convertirla en una acción semipública.

Entiendo que la acción no es de carácter público, como a la sazón establecía la jurisprudencia anterior en torno al art. 138 (SS 28-4-1915 y 10-11-1942), dado que la locución empleada –“aquellos a quienes perjudique”– implica en una interpretación a contrario que carecen de ella quienes no acrediten sufrir un perjuicio, sea éste patrimonial o moral.

En conclusión, se atribuye ese derecho de impugnación a los que se crean perjudicados en sus derechos respecto a los hijos extramatrimoniales y a aquellos a quienes perjudique la determinación legal de la filiación con un interés legítimo –patrimonial o moral– de presente y no sólo expectante, pues, como reconocía la jurisprudencia de antaño en relación con la misma locución que emplea el legislador actual ("por aquellos a quienes perjudique"), doctrina legal igualmente válida para el art. 140 vigente, ha de reconocerse que tal perjuicio se inflige con esos actos a quienes los impugnan, por cuanto por su subsistencia o no subsistencia se define el derecho de unos u otros litigantes al título que se discute.

12. LA FILIACION EXTRAMATRIMONIAL (PATERNA Y/O MATERNA, CON POSESIÓN DE ESTADO EN LAS RELACIONES FAMILIARES)

El párrafo segundo examina el supuesto contrario, es decir, que en las relaciones familiares exista posesión de estado. En este caso, a diferencia de lo transcrito en el párrafo anterior, se limita el número de los legitimados a quien aparece como hijo o progenitor y a quienes por la filiación puedan resultar afectados en su calidad de herederos forzosos. La acción caducará pasados cuatro años desde que el hijo, una vez inscrito, goce de la posesión de estado correspondiente. Evidentemente, el hijo puede reclamar la filiación paterna o materna que por naturaleza le corresponde (art. 133), acción que le compete durante toda su vida para patentizar la veracidad del vínculo, la realidad biológica. Asimismo, el propio art. 140 le legitima para impugnar la paternidad presunta. Deducimos que, siendo menor o incapacitado, la acción podrá ser entablada por su representante legal, tomando como dies a quo el momento de la inscripción de la filiación, de modo que, lógicamente, si se entabla durante la minoría de edad y el hijo vive en la posesión de estado correspondiente, aquél –su representante legal– dispondrá de cuatro años para ejercitar el derecho impugnatorio, y, consecuentemente, si no planteó la demanda en el plazo preclusivo, operará la caducidad, pero no para el hijo mismo, que, llegado a su emancipación o recuperada la capacidad, aún dispone de un plazo extraordinario de un año para impugnar la filiación extramatrimonial, existiera o no en las relaciones familiares posesión de estado.

Los herederos stricto sensu del hijo o progenitor, y aquellos que por la filiación puedan resultar afectados en su calidad de herederos forzosos, sólo podrán impugnar si su causante hubiera interpuesto la acción en vida y durante el plazo que resta para completar dicho período de cuatro años (art. 140.2).

Es evidente que ésta no es la interpretación más coherente con el contenido del art. 140.2, de suerte que estoy con PEÑA BERNALDO DE QUIROS cuando con buen criterio se pregunta: "¿quiénes son los que aparecen como progenitores y que están legitimados para el ejercicio de la acción porque así lo dispone el art. 140.2?: son los autores del reconocimiento hecho de buena fe que no invoquen un mero vicio de la voluntad, sino que es otra la realidad biológica".

Están legitimados para impugnar la filiación no matrimonial en la que el hijo disfruta de la posesión de estado "quienes por filiación puedan resultar afectados en su calidad de herederos forzosos", es decir, quienes sufran un detrimento de la legítima que puedan recibir, porque se protege la expectativa de llegar a ser, no el derecho adquirido por la muerte del presunto progenitor.

13. EL PLAZO DE IMPUGNACIÓN: SU PROBLEMÁTICA. CASO DEL ART. 140-2º C.C Y EL EJERCICIO DE LA ACCIÓN POR EL HIJO (140-3)

El párrafo segundo del art 140 para desencadenarse la acción, exige dos requisitos cumulativos, por un lado la inscripción y por otro la simultaneidad de la posesión de estado de la filiación no matrimonial. Así las cosas, si las inscripciones de la filiación matrimonial se ha producido y transcurrido cuatro años correlativos en la posesión de estado que refleja la posesión in…, la acción habrá caducado.

Un problema que suscita la lectura del art. 140-2 y el actualizado párrafo final del citado precepto "los hijos tendrán en todo caso acción durante un año después de alcanzar la mayoría de edad o de recobrar la capacidad suficiente a tales efectos", es si se puede ejercitar la acción si no contase la inscripción de la filiación. En el caso del párrafo segundo del art. 140 Cc, se exige como decimos un doble requisito obligatorio: "la inscripción y la posesión". Y en el caso del párrafo final, el plazo del año, después de alcanzar la mayoría de edad, se entiende obviamente que tiene que haber inscripción, sino no hay título impugnatorio.

El párrafo tercero del citado artículo 140 dice que los hijos tendrán "en todo caso" acción durante un año después de alcanzar la mayoría de edad o de recobrar la capacidad suficiente a tales efectos. Al respecto debmos decir que dicha facultad impugnatoria que establece el legislador en la filiación no matrimonial jugará exclusivamente en el supuesto de que exista posesión de estado en la relación familiar, y ello es obvio, ya que si no existiera dicha situación fáctica de carácter permanente el hijo no estaría supeditado a dicho plazo extraordinario, pues el art. 140.1 no establece un plazo de caducidad, al no existir una consolidada integración del hijo en la relación de estado familiar. Por ello no tendría sentido aplicar el contenido del párrafo tercero del art. 140 al párrafo primero, sino que sólo se justificará aquél en razón de lo dispuesto en el párrafo segundo –existencia de la posesión de estado–, pues como establecía la exposición de motivos de la reforma, "hay que proteger al hijo cuando vive en paz una relación de parentesco". En tal sentido, para la efectiva tuición de la consolidada integración del hijo, se establece un plazo de caducidad general y otro especial en exclusiva para el hijo en el párrafo in fine del art. 140, siempre y cuando exista constante posesión de estado. A diferencia de lo que ocurre en la filiación matrimonial cuando no existe posesión de estado, caso en el que la acción es imprescriptible y compete al hijo y a sus herederos, en la filiación no matrimonial el único legitimado de iure proprio es el hijo; por otra parte, en la filiación matrimonial (art. 137 in fine) los herederos pueden entablar la acción sin que sea necesario que el hijo –titular originario– la haya interpuesto en vida.

14. LA IMPUGNACIÓN DEL RECONOCIMIENTO EN LAS HIPÓTESIS DE LOS ARTÍCULOS 138 Y 141 C.C.

Conforme a la redacción dada por el art. 2-6 de la Ley de Protección de la Infancia dice el art 138 Cc que el reconocimiento y demás actos jurídicos que determinen conforme a la ley una filiación matrimonial o no matrimonial podrán ser impugnados por vicio de consentimiento según lo dispuesto en el artículo 141. La impugnación de la paternidad por otras causas se atendrá a las normas contenidas en esta sección.

Se trata de los casos que plantean los arts. 117-118 presunción de paternidad del hijo nacido dentro de los 181 días siguientes a la celebración del matrimonio. También el supuesto del art 118 Cc, inexistencia de la presunción de paternidad por nacimiento del hijo más allá de los trescientos días siguientes a la celebración del matrimonio. O bien el supuesto del art 119 Cc, filiación matrimonial "sobrevenida, del hijo, si hay matrimonio de los progenitores, que *ex ante* reconocieron al hijo.

En todos estos supuestos si se demuestra el "error" en el consentimiento que deriva el reconocimiento de la filiación como matrimonial, y que derivó en la falsa creencia de la paternidad biológica, podrá impugnarse la filiación. Repárese que en todos estos supuestos no rige ab *initio* la presunción de paternidad del art 116 Cc, porque si así fuera regiría lo establecido en el art. 136 Cc, y no lo dispuesto en el art. 138 Cc.

En relación al art. 141 Cc se entiende que la impugnación es el "título" que determina legalmente la filiación –reconocimiento– y no propiamente de la veracidad del vínculo –paternidad o maternidad– no matrimonial (art. 140). Como dice CAMARA, lo que se impugna, conforme al tenor literal del art. 140, es la filiación y no el reconocimiento, como en el caso del 141, o como sucedería si se tratase de solicitar de los órganos jurisdiccionales requisitos que condicionan su eficacia determinante.

El artículo examinado, 141, se refiere *expressis verbis* a los vicios de la voluntad (error, violencia e intimidación) que hacen anulable el reconocimiento, bien por el reconocedor, presunto progenitor, bien por los herederos de éste, que pueden ejercitar la acción *iure proprio*, o, siguiendo las reglas generales (art. 130), continuar las acciones ya entabladas por el actor (reconocedor) en vida. El plazo que tienen los herederos es inexcusablemente de un año, lo cual supone que ya ha cesado el vicio. Si se toma como *dies a quo* el momento del reconocimiento, ello implica dos cosas, una, que tenemos que estar en presencia de un reconocimiento formal (art. 120), que haya cumplido los requisitos; si no, estaríamos en presencia de un reconocimiento aformal (expreso o tácito), no eficaz, que no serviría *per se* para determinar legalmente la filiación (art. 113 C.c.), aunque sí valdría para que se declarase la filiación.

Si el vicio no hubiera cesado en el momento del reconocimiento, entendido éste como título legalmente válido para determinar la filiación –art. 120–, no tendría sentido que cesase al año del reconocimiento, sino cuando se desvaneciera aquél. Sin embargo, esto puede suceder quizás dañando o perjudicando la consolidada estabilidad del hijo en las relaciones familiares. Evidentemente, si no existe posesión de estado, una interpretación sistemática, lógica y no contextual del articulado sobre la filiación, y en concreto del art. 137 *in fine* (carencia de la posesión de estado en las relaciones familiares) y del 140.1 (falta de la posesión de estado en las relaciones familiares no matrimoniales), nos conduce a la interpretación de que el derecho impugnatorio puede ejercitarse "en cualquier tiempo", es decir, cuando acontezca la cesación del vicio del consentimiento. Ello es así porque no hay estabilidad ni efectiva consolidación del hijo en la relación familiar.

A nuestro juicio, atendiendo a la propia seguridad del *status familiae*, la laxitud de esta interpretación resulta un tanto arriesgada, máxime cuando puede ejercitarse la acción de forma extemporánea. Juzgamos conveniente que en estos supuestos, cuando el hijo no goce de la posesión de estado correspondiente y, por vicio del consentimiento, se impugne el reconocimiento por el que se determinó la filiación, se aplique la solución explicitada para el 140.1 (prescripción quincenal):

Otro aspecto que debemos destacar de la enunciación del art. 141 es que no cabe impugnar el reconocimiento por esta vía cuando se trate de otros defectos, formales, del título, y no *stricto sensu* de vicios del consentimiento.

Por otra parte, si el reconocimiento es nulo sí será necesario ejercitar una acción impugnatoria. Es decir, el planteamiento de la acción será imprescindible cuando la persona interesada en el reconocimiento (v.gr., el presunto reconocido) pretenda ejercitar un derecho en base al reconocimiento nulo.

CAPÍTULO 4
LA LEY SOBRE LAS TÉCNICAS DE REPRODUCCIÓN HUMANA ASISTIDA

1. EL NACIMIENTO ARTIFICIAL DE LA VIDA. EL ESTADO DE LA CUESTIÓN

El *dubium*, ha de situarse en las ingentes posibilidades que ofrece la ingeniería genética, la Biomedicina en el campo de la reproducción humana, en tanto en cuanto la imposibilidad «física» para llevar a cabo la generación procreación, debido a la esterilidad o infertilidad del sujeto en la relación de pareja y/o uti singuli, se recurre como alternativa al empleo de las técnicas de fecundación asistida, en las que como prius o punto de partida el factor generativo queda separado del elemento unitivo –relación coital– produciéndose la procreación *a posteriori*, necesitándose la intervención de un tercero –médico– en el proceso causal fecundante.

La nueva ley sobre las técnicas de reproducción humana asistida sitúa el debate en las ingentes posibilidades que ofrece la ingeniería genética en el campo de la reproducción humana. No se puede hablar de un nacimiento artificial de la vida, porque priman en todo caso factores intrínsecamente naturales. El debate hay que centrarlo en la imposibilidad física para llevar a cabo la procreación, fundamentalmente debido a la esterilidad o infertilidad del sujeto en la relación de pareja. En el momento presente, situándonos en la vigente realidad social, lo que se planteó originariamente como un método terapéutico, alternativo a la infertilidad, se ha convertido en un recurso alternativo a la procreación. En estas técnicas, el factor generativo queda separado del elemento unitivo –relación coital– provocándose la procreación, pero necesitando la intervención de un tercero –médico en el proceso causal fecundante–.

Nadie duda que la actividad médica es un reto a la investigación cuyos límites todavía están por definir. Esta ley, como la previgente se encontrará con problemas cuya resolución no es estrictamente cientifista, sino que deberá apoyarse en el ineludible concurso de otras disciplinas ajenas al campo de la aplicación biogenética y más cercanas a la reflexión ética en relación con los avances de la experimentación en las técnicas de reproducción humana asistida. Supone un reto determinante para nuestra sociedad. Nos encontramos en una dura pugna entre la técnica y la ética, entre la ciencia y la conciencia. En este sentido, por ejemplo cuando se habla de la clonación, y las células madre, la nueva ley no pretende la búsqueda de seres humanos idénticos sino avanzar en el tratamiento de enfermedades tradicionalmente incurables.

2. LA DETERMINACIÓN DE LA FILIACIÓN EN LA FECUNDACIÓN HUMANA ASISTIDA

Es indudable que *ex iure condito* al quedar separado como indicábamos con anterioridad, el acto en sí de la cohabitación de la acción o efecto procreativo los conceptos a la sazón tradicionales de paternidad y/o maternidad, en el fenómeno de la reproducción humana asistida no nos sirven, en tanto en cuanto aquí la figura de padre no coincide con la de progenitor (excepción hecha de la llamada fecundación homóloga), con lo que el principio rector de la (no tan vieja) reforma de filiación, patres ii sunt quos sanguis demonstrat, no es aplicable recta vía en cuanto a la determinación efectiva del vínculo de filiación.

La imposibilidad de la legitimación activa, en el progenitor (donante de gametos) para iniciar un proceso de paternidad derivará, por un lado, en la falta de la posesión de estado en la relación familiar, y, por otro, en la circunstancia explicitada por el legislador de la no imputabilidad en ningún caso al donante del material embriológico de vínculo de parentesco alguno con el hijo nacido en virtud de la aplicación de las técnicas. Esto supuesto, está en la inteligencia legislatoris que se desprende del tenor de su defectuoso articulado (artículo 8.3, «la revelación de la identidad del donante en los supuestos en que proceda..., no implica, en ningún caso, determinación legal de la filiación»), según el cual no se podrá adjudicar ninguna responsabilidad jurídica, de ningún orden al donante. Es claro, por tanto, que al legislador lo que le ha interesado preeminentemente es favorecer la relación jurídica familiar en la que el hijo se encuentra establemente integrado disfrutando de una possessio filiationis reforzada con una situación formal o registral, de quienes han asumido ex voluntate el rol de padres; de suerte que nadie podrá a fortiori desencadenar una perturbadora y lesiva acción de filiación, ni el donante –progenitor genético a la sazón (artículo 5.3)–.

Uno de los problemas que resultan más polémicos, en razón directa a lo que acabamos de exponer, es si la presente ley incide o no en una transgresión del texto constitucional en tanto en cuanto se prohíbe la investigación de la paternidad y/o maternidad (por clara argumentación a simili) del donante de gametos. ¿Por qué, en realidad, quizá prohibiendo el conocimiento de las raíces biológicas del individuo se infringe el derecho ontológico y fundamental del sujeto de acceder a su propia historia genética? En tal caso, si el hijo se acoge al mandato constituyente del artículo 39 para investigar la paternidad, ¿qué postura debe ser la más adecuada? La ley es categórica y clara un esta cuestión: el hijo no podrá acceder al conocimiento de la identidad del donante *ad hoc* –salvo en caso de peligro para la vida del hijo (artículo 5.3)–, en los demás casos la información se reduce a los datos inmunológicos o fenotípicos, sin que se incluya el dato de la identidad, de suerte que aunque se desvelase la identidad, la pretendida determinación de la filiación que genéticamente le corresponde al hijo no afecta en modo alguno a la filiación legalmente establecida (artículos 7 y 8 de la ley).

En primer lugar, en cuanto a la inseminación y/o fecundación "homóloga" (aunque desde un punto de vista científico se refiere a lo que acontece dentro de la misma especie). Lo único que ocurre en estos casos es que se prescinde del elemento de la cohabitación; pero el rol de padre y el de progenitor no se separan, ya que corresponden al mismo sujeto impotente coeundi, pero no generandi. En tal sentido, si la pareja que recurre a estas técnicas está casada, el hijo será evidentemente matrimonial (artículo 116 del Código civil). Ahora bien, entendemos que en este caso la presunción sería iuris et de iure; puesto que desde el primer momento no existe dificultad en cuanto a la proveniencia en la identificabilidad del gameto fecundante. No debemos olvidar, que en este caso existe un conocimiento apodíctico de la paternidad, con lo que la aplicación de la técnica comporta una prueba directa y positiva de la paternidad.

En relación a la pareja no casada en la que se proceda a la fecundación homóloga, la ley no es suficientemente clara en cuanto a la forma del consentimiento para que equivalga como tal reconocimiento, es decir, como título de determinación legal de la filiación, tiene que adaptarse a lo dispuesto tanto en el artículo 120 del Códígo civil, como, asimismo, al artículo 186 del Reglamento del Registro Civil, con lo que el reconocimiento tiene que ser formal, es decir, voluntad indubitada de reconocer por propio al hijo deliberadamente expresada con esta finalidad y existir un claro animus recogoscendi, explicitándolo en documento público. A contrario sensu, manifestarlo en otro documento, constituiría un reconocimiento no solemne que no servirá como tal título de determinación o legitimación; aunque pueda servir para declarar la filiación (vide artículo 135 del código civil)

La ley de la Fecundación Humana Asistida no acoge el criterio según el cual la expresión del consentimiento tenga que constar solemne y formalmente su formulación, sino que se decanta por una prestación del mismo de manera "libre, consciente, expresa y por escrito (artículo 6.1)".

Naturalmente, dicha constancia «aformal» del consentimiento en ningún caso servirá per se para que pueda inscribirse dicha filiación, pues dicho consentimiento no equivale a un reconocimiento al no plasmarse en documento público, y, por tanto, no sirve para la determinación legal de aquélla. Por otra parte, lo que sí ocurrirá es que el documento médico en donde constan los consentimientos tanto de la mujer receptora corno del cónyuge y/o varón conviviente se considera como escrito indubitado, según el cual podrá inscribirse la filiación, mediante expediente gubernativo, promovido en base al escrito indubitado (artículos 120.2 Código civil y 49.1 de la Ley Registro Civil). En este sentido explicita el artículo 8 de la Ley de la Fecundación Asistida, que «se considera como escrito indubitado a los efectos previstos en el artículo 49 de la Ley de Registro Civil, el documento extendido ante el Centro o establecimiento autorizado en el se refleje el consentirniento a la fecundación con contribución del donante, prestado por varón no casado, con anterioridad a la utilización de las técnicas. Queda a salvo la acción de reclamación judicial de paternidad».

Simplemente cerrar este apartado, volviendo al párrafo segundo in fine del artículo 8: "Queda a salvo la acción de reclamación judicial de la paternidad". Es obvio entender prima facie que una de las causas que lo desencadenan será la oposición al expediente gubernativo, de suerte que al no poder inscribir la filiación, en virtud de la resolución recaída en el expediente, ello no obsta a que la reclamación se obtenga en el procedimiento ordinario. Por otra parte, en cuanto al progenitor donante, no es necesario que la nueva regulación se posicione, ya que conforme a las normas vigentes del articulado de la filiación el progenitor no está legitimado para plantear la demanda de filiación, cuando como es en nuestro supuesto (donación de gametos) no exista posesión de estado en la relación familiar ad hoc.

3. LA FECUNDACIÓN HUMANA POST MORTEM

El precepto objeto de interpretación tiene pocas modificaciones técnicas con el texto precedente, sin embargo, ya en el epígrafe enunciativo del texto, el legislador incide en un error. Efectivamente, el título de premoriencia del marido, nos es acertado, porque el propio artículo prevé la posibilidad, que la pareja no se encuentre casa (véase apartado 3). En razón a lo expuesto hubiese sido más acertado referirse al exconyuge –viudo– o bien al ex-consorte. En otro orden de consideraciones el término de premoriencia, es más apropiado reservar su utilización como concepto jurídico sucesorio, si bien se ha trasladado su aplicación a la concepción post mortem, aunque no suscita ningún problema de técnica jurídica.

El párrafo primero del artículo, objeto de comentario, su redacción es idéntica al texto previgente. El origen de dicho precepto, habría que encontrarlo en el Informe Warnock, en el que se inspiró el informe de la comisión especial constituida en el Congreso de los Diputados, para la elaboración de la ley 35/1988, ahora derogada.

La finalidad en voluntad del legislador con el texto, que comentamos, referido al párrafo primero querría indicarnos que la regla general, a falta de consentimiento expreso del varón fallecido, era uqe si aun con esa falta de consentimiento, se utilizaba su material reproductor; y del mismo derivase el nacimiento de un ser humano ex post mortem; el citado hijo sobrevenido no tendría la filiación paterna correspondiente al varón fallecido (que no dio su consentimiento).

En estos casos, es prácticamente imposbile que el juez consienta a la viuda y/o conviviente supérstite la utilización del material reproductor, y la consiguiente posibilidad de inscribirse la filiación como matrimonial.

Ahora bien, no existe una prohibición expresaa, para que la viuda pueda utilizar el material reproductor, del varón fallecido, a la sazón consorte de la misma cuando no se busque imputarle responsabilidades de filiación, y cuando además, no existe ningún irreparable conflicto de intereses.

Por lo que se refierte al párrafo segundo, la novedad más significativa en relación al tenor del texto previgente (anterior párrafo 2º del art. 9), radica por un lado en la admisión del "documento de instrucciones previas" como docuemnto válido para la emisión del consentimiento. Es una aportación útil y práctica y amplía el supuesto de hecho, no solo al acto mortis causa (testamento), o inter vivios y ad solemtatem como es la escritura pública, sino también a un documento privado (fehaciente o auténtico) en donde el titular puede emitir su consentimiento a la utilización post mortem de su material reproductor.

Este documento de instrucciones previas, está inspirado en la ley 41/2002 de 14 de noviembre, básica reguladora de la autonomía del paciente y de Derecho y obligaciones en materia de información y documentación clínica.

Además, se amplia con relación a lo dispuesto en el anterior párrafo segundo de 6 a 12 meses, la posibilidad para producirse la fecundación post mortem. Nos parece conveniente la ampliación, porque la experiencia clínica y jurídica revelaba que la viuda, no se encuentra en las mejores condiciones psico anímicas para decidir un acto de esta naturaleza. Aunque por otra parte se nos podría aducir que provocaría en muchas ocasiones, la suspensión de la partición de la herencia, si bien en este caso, cabría aplicar por analogía lo dispuesto en el Código Civil, en relación a la partición con un heredero condicional.

El comentario que al respecto nos merece dicha disposición es el que sucintamente explicamos: se considera al hijo como matrimonial (si el causante estuviera casado a la sazón) o bien como extramatrimonial (caso de progenitor que no estuviera casado a la sazón) o bien como extramatrimonial (caso de progenitor que no estuviera unido por vínculo), siempre y cuando la fecundación post mortem se prudujera en los 12 meses siguientes al fallecimiento.

¿Qué quiere decir, el apartado final "sin perjuicio de la acción judicial de reclamación de la paternidad?

En el caso actual, esta acción de reclamación no es operativa, cuando la fecundación se produce con los mismos gametos del varón fecundante porque no podría ir contra sus propios actos (venire factum contra proprium) y si falleciese sus herederos tampoco (vide art. 140 Cc).

A mayor abundamiento, como en este prectpo (art. 9 LRHA) no se permite la fecundación post mortem, con gametos provenientes de terceros. Es decir, el gameto fecundante, tiene que serlo del cónyuge varón, o consorte varón, p erono de un donante. La conclusión es obvia, no tiene sentido en ningún caso, la reclamación de paternidad por un progenitor biológico diferente. Sólo se me ocurre que hubiese habido un error en el Centro médico, y que el gameto fecundante no fuese del varón casado o consorte conviviente, y que "los herederos del titular de ese gameto reclamasen la paternidad. Cuestión complicada, porque al carecer de posesión de estado, no estarían legitimados para iniciar la acción de reclamación (vide arts 132 y 133 C.c).

4. LA MATERNIDAD SUBROGADA

4.1. Maternidad biológica versus maternidad genética: la determinación de la filiación

Otro de los aspectos que aborda la regulación que comentamos, concretamente el artículo 10 de la Ley de la Reproducción Humana Asistida, dedica su contenido al tema de lo que en términos vulgares se ha conocido como maternidad subrogada y/o locación de vientres o alquiler de úteros. Consiguientemente, dice la citada disposición que: «Será nulo de pleno derecho el contrato por el que se convenga la gestación, con o sin precio, a cargo de una mujer, que renuncia a la filiación materna en favor del contratante o de un tercero. La filiación de los hijos nacidos por gestación de sustitución será determinada por el parto. Queda a salvo la posible acción de reclamación de la paternidad respecto del padre biológico conforme a las reglas generales».

En cuanto a la nulidad del contrato, su fundamentación a buen seguro debemos encontrarla en que se sitúa a la persona como objeto de dicho negocio jurídico, ora entendamos la calificación de dicho contrato como arrendamiento de servicios (donde la mujer que pare se obliga a efectuar una actividad), ora lo califiquemos como arrendamiento de obra (donde lo que impotaría sería su resultado –el hijo–, como efecto de la actividad desplegada), de suerte que queda fuera de la autonomía de voluntad de las partes al contratar sobre una materia indisponible para los contratantes (la capacidad generativa). Item mas el hijo aparece como un medio útil instrumental para alcanzar una maternidad, de donde resulta notorio que se intenta que prevalezca siempre un derecho al niño versus derechos del niño subordinados a otros intereses. Por tal motivo, confirmamos la opinión de Vidal Martínez, cuando explica que ese derecho subjetivo al hijo puede resultar sumamente perturbador, ya que ese pretendido derecho no existe, en puridad, porque ello supondría convenir a un ser humano en objeto de un derecho subjetivo, es decir, en una cosa. En resumen, no nos parece asumible que dentro del ius dispositivum de las partes quepa acceder a la posibilidad que una mujer (y quizá en un futuro no muy lejano sea indifente que se trate de útero humano) procree o alumbre no para sí, sino en beneficio ajeno.

En cuanto a la determinación de la filiación del hijo conviene brevemente hacer hincapié en las siguientes puntualizaciones: se nos dice en la citada disposición que la filiación de los hijos nacidos por gestación de sustitución será determinada por el parto. Naturalmente, con la afirmación explicitada reafirma el criterio tradicional, según el cual la maternidad viene siendo determinada por el hecho del parto y la identidad del recién nacido, por lo que su constatación tanto desde un punto de vista de derecho sustantivo (artículo 120.4 del Código civil), como desde una óptica puramente de derecho registral, madre será la que ha gestado (vide, en otros, artículos 44, 47, 49.3 de la Ley de Registro Civil y 168 y 182 del Reglamento de Registro Civil). A tal efecto, la Ley de la Fecundación Humana Asistida refuerza dicho planteamiento, considerando que en el hipotético conflicto de maternidades madre genética/madre gestante, se prima el factor obstétrico frente al elemento genésico, derivado de la titularidad de la célula germinal (gameto fernenino). Consiguientemente, en cuanto a la determinación de la filiación materna, sigue recalcándose incluso con la utilización de estas técnicas la importancia en cuanto a su establecirmento por el hecho del parto (artículo 135 del Código civil).

4.2. Algunas consideraciones sobre la determinación de la filiación en la maternidad subrogada

Por otra parte, si la mujer gestante estuviese casada y la pareja arrendataria de los servicios de gestación también, resultaría, lo siguiente:

El hijo prima facie se le inscribiría como hijo matrimonial de la pareja gestante, con derecho por parte del cónyuge varón de la misma a impugnar la filiación matrimonial (más dificultoso si este sujeto fuera a la sazón casualmente el titular del gameto masculino reproductor). Esto supuesto, la gestante sólo podría inscribir la filiación no matrimonial de hijo de casada (partiendo de la hipótesis que el gameto masculino fuese de donante desconocido), si refuta la presunción de paternidad matrimonial, fácilmente destruible en el caso que ejemplificamos, ya que desde el primer momento existe certeza indubitada y prueba positiva de la no paternidad del cónyuge de la gestante a la vista del pertinente expediente médico, con lo que posiblemente no se inscribiría recta vía la filiación matrimonial correspondiente a la pareja gestante. Pues como explica con razón BERCOVITZ, el hecho de la inseminación artificial equivaldría a una separación de hecho a los efectos de la procreación y, consecuentemente, la presunción de paternidad no regiría (artículos 185 del Reglamento de Registro Civil y 116 del Código civil). En congruencia con el planteamiento explicado podría procederse después a la adopción del hijo por parte de la pareja arrendataria de los servicios, según las normas vigentes de la adopción a las cuales nos remitimos (fundamentalmente, artículos 175, 176, 177 y 178). Añadir además que esta sobrevenida adopción impide a fortiori cualquier posible reclamación de la paternidad. Entendemos que en relación a este extremo, el ordinal tercero del artículo 10 resulta intemperante e innecesario en todos los supuestos (excepción hecha de que el donante fuera a la sazón el progenitor varón de la pareja comitente arrendataria de los "servicios" de gestación).

Es decir, que si el donante es anónimo (como en el ejemplo supra desarrollado) la explicación al ordinal tercero del artículo 10 según el cual –"queda a salvo la posible acción de reclamación de la paternidad respecto del padre biológico conforme a las reglas generales"– no tiene mucho sentido.

En primer lugar, porque conforme a las normas generales el posible reclamante carece de lege lata de acción para reclamar la filiación paterna extramatrimonial si no existe en las relaciones familiares de la posesión de estado (artículo 133 del Código civil).

En segundo lugar, porque el «donante de gametos» conforme a la ley que explicamos de la fecundación humana asistida carece ex lege de vínculo de parentesco con el hijo cuya herencia genética lleva (véanse, básicamente, artículos 5 y 8 de la citada ley).

En tercer lugar, además de lo dicho consumándose la adopción, y aun prescindiéndose de los argumentos anteriores, el vínculo adoptivo (en donde prima el interés del hijo) resultaría a fortiori inconmovible (vide artículo 180 del Código civil).

Por el contrario, si el progenitor varón es el miembro de la pareja comitente que han acudido a la gestación por sustitución, aquél podría reclamar la filiación (pensemos que la gestante estaba casada y se ha inscrito la filiación como matrimonial del hijo nacido de la gestante) paterna extramatrimonial. Aunque habría que decir que, asimismo, conforme a las normas generales a las que nos remite el párrafo final del artículo 10, carecería aquél de legitimación para plantear la acción si el hijo no disfruta de la posesión de estado correspondiente (artículo 133). Sólo añadir al respecto que dada la parquedad del presente comentario remitimos a nuestro estudio más detallado de la fecundación artificial y Derecho (Editorial Tecnos, 1988).

4.3. El asunto particular de las "agencias de alquiler": la polémica judicial suscitada en EE.UU.

Uno de los temas más polémicos en relación a la maternidad subrogada es el referido a la autorización de la inscripción de los hijos de una pareja de homosexuales españoles gestado por una madre de alquiler en otro país, que admite las técnicas de maternidad subrogada, o vulgarmente conocido como "vientres de alquiler", como es por ejemplo Estados Unidos.

El problema se presenta, porque cuando nace el hijo en Estados Unidos como consecuencia de la utilización del recurso de la maternidad subrogada, la pareja debe presentar en el Registro Civil del Consulado (por ejemplo: Los Angeles) el documento del nacimiento del hijo que será el requisito necesario para solicitar la inscripción del nacimiento.

Es interesante en este sentido la resolución de la dirección general de los registros y del notariado de 18 de febrero de 2009. En la citada resolución la DGRN aprueba la inscripción argumentando que la certificación registral extranjera constituye una decisión adoptada por la autoridades extranjeras, en cuya virtud se constata el nacimiento y filiación del nacido, por lo que entiende que se trata de un caso de "validez extraterritorial de decisiones extranjeras en España".

El razonamiento de la citada DGRN simplifica el problema resolviendo que no es una cuestión de legalidad de la práctica de uso de "madres de alquiler", si no de validez de la documentación aportada por los "progenitores" del hijo en cuestión. Y concluye la DGRN que las certificaciones registrales extranjeras deben superar, naturalmente, un control de legalidad, pero dicho control de legalidad no consiste en exigir que la autoridad registral extranjera haya resuelto el caso de un modo idéntico a como lo habría resuelto una autoridad registral española.

De todos es conocido, que la inscripción en el Registro Civil español de nacimiento de sujeto español acaecido en el extranjero puede tener lugar a través de la correspondiente declaración del sujeto (art. 168 del Reglamento del Registro Civil) o a través de la presentación de una certificación registral extranjera en la que consté el nacimiento y filiación del nacido.

La vía que utiliza la DGRN para inscribir el nacimiento, es precisamente el recurso de la declaración. En este caso se entiende, que el Cónsul encargado del Registro deberá proceder a un control de legalidad de los hechos referidos en la declaración, y de esta misma. Se dice que en estos casos, surge una cuestión de "Derecho aplicable".

El razonamiento de la DGRN conduce a afirmar "que el acceso de las certificaciones registrales extranjeras al registro civil español debe valorarse no a través de la aplicación del Derecho sustantivo español, ni a través de las normas de conflicto españolas, si no a través de las normas específicas que en el Derecho español disciplinan el acceso de las certificaciones registrales extranjeras al Registro Civil español".

En este caso, la solución que se predica es la aplicación del art. 81 del reglamento del Registro Civil. La certificación registral extranjera constituye "una decisión" adoptada por las autoridades extranjeras y en cuya virtud se constata el nacimiento y filiación del nacido. Considerando entonces que es una decisión extranjera, en forma de certificación registral extranjera el acceso al Registro civil español, no es una cuestión de Derecho aplicable, si no una cuestión de "validez extraterritorial de decisiones extranjeras en España". La consecuencia es obvia, al aplicar este razonamiento discursivo nos lleva a la conclusión que se excluye las normas españolas de conflicto de leyes, y en concreto la del art. 9.4 C.c, como asimismo la exclusión de la Ley 14/2006 de 26 de mayo sobre técnicas de reproducción humana asistida.

Para que lo entendamos, no se examina el fondo de la cuestión, si no la forma, y en tal sentido se entra a dilucidar solo el control de legalidad, pero dicho control no consiste en exigir que la autoridad registral extranjera haya resuelto el caso de modo idéntico a como lo habría resuelto una autoridad registral española. Se dice que exigir que la autoridad registral extranjera hubiese resuelto el caso de modo idéntico a como lo habría resuelto una autoridad registral española, supondría para los particulares (en opinión de la DGRN) un elevado coste, pues les obligaría a volver a plantear la cuestión jurídica ante las autoridades españolas.

CAPÍTULO 5
DE LAS RELACIONES PATERNO-FILIALES

1. CONCEPTO Y FUNDAMENTO DE LA PATRIA POTESTAD

La relación paterno-filial se caracteriza por los deberes de asistencia y protección que corresponden a los padres en relación con los hijos, al tiempo que se fundamenta en un principio de autoridad de los padres.

DE DIEGO ha definido esta institución como "el deber y derecho que a los padres corresponde de proveer a la asistencia y protección de las personas y bienes de los hijos en la medida reclamada por las necesidades de éstos". Para CASTÁN VÁZQUEZ la patria potestad puede definirse como "el conjunto de derechos y deberes que corresponde a los padres sobre la persona y el patrimonio de cada uno de sus hijos no emancipados, como medio de realizar la función natural que les incumbe de proteger y educar a la prole".

Sin embargo, este ilimitado poder fue sufriendo restricciones. Así, fue en la época del Derecho justinianeo cuando de forma definitiva se atenúo el poder del padre, y se dulcificó la institución en beneficio de los hijos, bien es verdad que ya en la época de Constantino se habían realizado esfuerzos en este sentido, limitando las facultades del padre.

2. NATURALEZA Y CARACTERES

Dos aspectos pueden diferenciarse claramente en la patria potestad: por un lado, si se contemplan las relaciones internas paterno-filiales, los padres ostentan sobre los hijos un deber; pero, por otro lado, en las relaciones externas, resulta ser un derecho subjetivo de los padres. Así, si bien en la esfera de las relaciones internas se contempla como un deber o función paternal, no siempre ha sido así; en efecto, fue considerada, inicialmente en el Derecho Romano, tal y como hemos visto, como un poder paternal.

2.1. La patria potestad como función

Se admite unánimemente por la doctrina que es ésta una institución en beneficio de los hijos, y que impone al padre deberes a cumplir para el desarrollo de dicha función. En el Código Civil se concibe fundamentalmente la patria potestad como un poder de protección del padre. Así pues, la patria potestad tiene un indudable carácter tutelar, ya que el derecho y el deber de cuidar de la persona y bienes del hijo, se estructura a través del ejercicio de deberes de guarda y dirección del hijo, aunque también señala para el padre derechos limitados que permiten advertir con claridad la verdadera finalidad de la institución (STS de 9 de noviembre de 2015).

2.2. La patria potestad como derecho subjetivo

Estudiada ya la patria potestad en su aspecto de deber, se aludirá ahora a otra dimensión jurídica de esta institución: la de su naturaleza de derecho subjetivo. Los deberes que legalmente se imponen al padre constituyen asimismo derechos o prerrogativas que el padre puede exigir –reclamar a sus hijos de cualquiera que de forma ilegítima les haya retenido, puede requerir para hacer efectiva su autoridad el auxilio de la autoridad gubernativa–.

En cuanto a los caracteres que definen la patria potestad, se relacionan por la doctrina de forma coincidente: la irrenunciabilidad, la intransmisibilidad y la imprescriptibilidad. Así, la patria potestad es irrenunciable, ya que como afirman DÍEZ-PICAZO y GULLÓN no cabe establecer ningún negocio jurídico por medio del cual se enajene la patria potestad, y tampoco será posible una renuncia, porque al serlo siempre en perjuicio del hijo, supondría una ilegítima liberación de los deberes de tutela y protección que por ley.

La patria potestad es intransmisible, lo que no excluye la posibilidad de que el padre delegue en un tercero derechos concretos, derivados de la patria potestad –el internamiento del hijo en un colegio, valerse de terceros para la administración de los bienes del hijo.

3. SOBRE QUE HIJOS SE EJERCE LA PATRIA POTESTAD

Según el principio constitucional establecido en el artículo 39.3 CE "los padres deben prestar asistencia de todo orden a los hijos habidos dentro o fuera del matrimonio, durante su minoría de edad", en este mismo sentido se expresa el legislador ordinario cuando en el artículo 154 del CC indica que "los hijos no emancipados están bajo la potestad del padre y de la madre". La atribución de la patria potestad a ambos progenitores requiere que antes se haya determinado legalmente la filiación.

En resumen, únicamente los hijos matrimoniales, los no matrimoniales cuya filiación esté legalmente determinada y los adoptivos están sujetos a patria potestad, ya que sólo ellos tienen una filiación conocida, los demás, aquellos cuya filiación no consta no pueden quedar sujetos a la patria potestad.

4. EL CONTENIDO PERSONAL DE LA PATRIA POTESTAD

Habida cuenta de la naturaleza que envuelve a la patria potestad, ésta se presenta en un doble aspecto: por un lado, se integra por las facultades que los padres pueden ejercer frente a los hijos; pero, también impone a los padres deberes jurídicos, que no admiten renuncia.

4.1. Facultades-deberes de los padres

Proclama el artículo 154 del Cc que la patria potestad se ejercerá siempre en beneficio de los hijos, de acuerdo con su personalidad, y con respeto a sus derechos, su integridad física y mental, y comprenderá los siguientes deberes y facultades:

1°. Velar por ellos, tenerlos en su compañía, alimentarlos, educarlos y procurarles una formación integral.

2°. Representarlos y administrar sus bienes.

Si los hijos tuvieren suficiente madurez deberán ser oídos siempre antes de adoptar decisiones que les afecten. Los padres podrán en el ejercicio de su potestad recabar el auxilio de la autoridad.

De acuerdo con lo previsto en el artículo 154.2 del Cc el ejercicio de la patria potestad, como responsabilidad parental, "se ejercerá siempre en interés de los hijos, de acuerdo con su personalidad, y con respeto a sus derechos, su integridad física y mental". Por ello, dichos aspectos deberán ser considerados límites de legitimación de la actuación de los padres, criterio esencial para el control judicial de la patria potestad, y elemento fundamental para valorar y delimitar la responsabilidad de los progenitores por los daños y perjuicios sufridos por los hijos (art. 168 Cc).

Por otra parte, el deber de velar por los hijos establecido legalmente, ha de interpretarse como la obligación de los padres de cuidar con diligencia extrema de sus hijos, controlando a aquellas personas que en las más diversas circunstancias tengan competencias sobre los hijos no emancipados.

El deber y la facultad de tener a los hijos en compañía se encuentran unidos a la guarda y custodia de los hijos. Por su parte, los hijos están obligados a respetar dicha facultad, por lo que no podrán abandonar el domicilio familiar o la residencia donde estuvieren internados sin el consentimiento de los progenitores.

El deber de prestar alimentos a los hijos no emancipados recogido en el artículo 154.1 del Cc no puede confundirse con el deber legal de alimentos entre parientes regulado en los artículos 142 y siguientes del Cc. El TS ha defendido la distinta naturaleza del deber de alimentos entre parientes y del deber de alimentar a los hijos, señalando el carácter preferente de los debidos a los hijos menores como deber comprendido en la patria potestad, estableciendo a tal efecto "... un tratamiento jurídico diferente según sean los hijos menores de edad, o no, pues al ser menores más que una obligación propiamente alimenticia lo que existen son deberes insoslayables inherentes a la filiación" (STS de 12 de febrero de 2015).

Finalmente, el deber de educación y de procurar una formación integral implica necesariamente una actuación permanente e inmediata de los progenitores, y se concretará en la utilización de instituciones y centros a los que se delega en determinados aspectos la formación de los hijos. Así, los progenitores tienen plena libertad en la elección del centro docente para sus hijos, y en la decisión de inculcarles unas determinadas orientaciones religiosas y filosóficas. Claro que la educación y formación de los hijos deberá respetar la legalidad, el orden público y constitucional; y en especial, los derechos y libertades fundamentales reconocidos constitucionalmente, así como las normas prohibitivas en relación con los menores de edad, garantizando siempre la enseñanza básica obligatoria.

Por último, indicar que el artículo 154 del Cc reconoce a los progenitores que ejerzan la patria potestad el deber de representación de los hijos y de administración de sus bienes. Con posterioridad será objeto de estudio y comentario esta facultad que especialmente tienen atribuida los padres, por lo que a dicho comentario nos remitimos.

Reconoce también el art. 154.3 del Cc el derecho a que los hijos sean oídos antes de adoptar decisiones que les afecten. Esta exigencia legal debe interpretarse igualmente a la luz de lo dispuesto en el art. 9 de la Ley de Protección Jurídica del Menor, que reconoce el derecho al menor de ser oído y escuchado," tanto en el ámbito familiar como en cualquier procedimiento administrativo, judicial o de mediación en que esté afectado y que conduzca a una decisión que incida en su esfera personal, familiar o social, teniéndose debidamente en cuenta sus opiniones, en función de su edad y madurez. (STC de 19 de abril de 2004).

Así las cosas, aunque se trata de una audiencia no vinculante, tendrá relevancia para comprobar si la patria potestad se está ejerciendo de forma correcta por los progenitores, lo que no sucederá si de forma reiterada y constante se desatiende la opinión de los hijos en las decisiones que les afectan. El problema se plantea en relación con la delimitación del requisito de que el hijo tenga suficiente madurez, concepto indeterminado, que ha de ser adecuadamente interpretado en cada caso. En efecto, la madurez del hijo deberá valorarse en relación con la decisión concreta que se pretenda adoptar.

Para el ejercicio de las facultades y deberes que implica la patria potestad, los padres podrán recabar el auxilio de la autoridad, tal y como se contempla en el artículo 154.4 del Cc. El auxilio al que se refiere el citado precepto no ha de entenderse restringido al de la autoridad judicial, sino que la colaboración con los padres para el ejercicio legítimo de la patria potestad se impone a toda autoridad judicial o gubernativa. El recurso a este auxilio se encuentra referido sin duda a lograr la restitución del hijo al domicilio familiar o al que ellos hayan determinado.

4.2. Deberes de los hijos

Si bien la patria potestad es una función ejercitable en beneficio de los menores, el cumplimiento de dicha atribución legal significa y exige de los hijos sumisión y dependencia respecto a los padres.

Dice el artículo 155 del Cc que los hijos deben:

1°. Obedecer a sus padres mientras permanezcan bajo su potestad, y respetarles siempre.

2°. Contribuir equitativamente, según sus posibilidades, al levantamiento de las cargas de la familia mientras convivan con ella.

El deber de respeto y obediencia se configura en la actualidad de una forma más ajustada a la realidad social, la medida del respeto vendrá determinada en cada caso por los usos sociales y por las circunstancias que concurran en cada caso.

El deber de contribuir al levantamiento de las cargas de la familia ha sustituido al derecho de usufructo, por el que correspondía al progenitor que tuviese en su potestad y compañía al hijo el usufructo de los bienes de éste. Ahora bien, si se presenta como una obligación natural que los hijos emancipados que conviven con los padres contribuyan al sostenimiento de las cargas familiares, habrá que estar en cualquier caso a los pactos y acuerdos que se hayan establecido en el seno de la familia.

Por otro lado, no puede identificarse la obligación de contribuir a las cargas familiares con la situación de necesidad, porque no se trata de un deber legal de alimentos, claro que la cuantía económica y el sacrificio patrimonial exigible al menor se deben poner en relación con la necesidad de la familia, así como con otros elementos que igualmente influyan en dicha contribución, y especialmente con "las posibilidades" económicas que tenga el menor en cada caso.

5. EL EJERCICIO DE LA PATRIA POTESTAD POR LOS PADRES

5.1. El ejercicio conjunto de la patria potestad

Se establece en el artículo 156 del Cc que "la patria potestad se ejercerá conjuntamente por ambos progenitores o por uno solo con el consentimiento expreso o tácito del otro. Serán válidos los actos que realice uno de ellos conforme al uso social y a las circunstancias o en situaciones de urgente necesidad".

El principio general será, por tanto, la actuación conjunta de los padres en el ejercicio de la patria potestad. La posibilidad de actuación mediante el consentimiento del otro progenitor representa una respuesta y una solución para el ejercicio cotidiano de la patria potestad, ya que en este supuesto es precisa igualmente la actuación conjunta sólo que de forma indirecta, mediante la prestación del consentimiento. Como norma general, no se exige que el consentimiento, siempre revocable, adopte una forma concreta, salvo para aquellos actos que necesiten de forma específica (art. 1.280.5° del Cc).

No cabe duda que el consentimiento de un padre al otro podrá darse para la actuación por uno solo cuando se trata de actos concretos; plantea, sin embargo, más dudas el consentimiento general de uno de los progenitores al otro para el ejercicio de la patria potestad por uno solo de ellos. A este respecto, cabe admitir el consentimiento general si bien ello no debe interpretarse como una exclusión en los deberes y responsabilidades del padre que consiente, ni le impedirá el ejercicio por sí mismo de las facultades que tenga atribuidas. Por tanto, los pactos que se formalicen son válidos siempre que se garantice: su revocabilidad, su modificabilidad cuando concurran circunstancias que de forma sobrevenida lo aconsejen, y que se produzca una homologación judicial cuando sea preciso dadas las características del problema.

En fin, nada obsta al reconocimiento legal de los acuerdos entre los progenitores en cuanto al ejercicio de la patria potestad, siempre que exista una base objetiva para ellos, y que se entiendan susceptibles de modificación por causa justificada. Ahora bien, en ningún caso puede entenderse que dichos pactos eximan a ninguno de los progenitores de la responsabilidad que les corresponda, que deriva de un deber irrenunciable de velar por los hijos.

El legislador se refiere al "uso social" como condición para la validez de los actos que realice uno solo de los progenitores, ¿qué debe entenderse por "uso social"? En primer lugar, deberá ser un acto correspondiente al desarrollo normal de la vida de un menor y deberá ser un acto frecuente, y de escasa trascendencia económica para el patrimonio del menor. En cuanto a las también mencionadas "circunstancias", hay que entender las referidas a los hijos (RDGRN de 20 de enero de 1989).

5.2. El supuesto de desacuerdo de los padres

Con carácter general, en caso de desacuerdo, cualquiera de los dos progenitores podrá acudir al Juez, quien, después de oír a ambos y al hijo si tuviere suficiente madurez y, en todo caso, si fuera mayor de doce años, atribuirá sin ulterior recurso la facultad de decidir al padre o a la madre (art. 156.2° del CC).

No admite duda que el criterio sobre el que el Juez debe fundar su decisión es el del beneficio del hijo. De ahí que el legislador haya establecido la necesidad de conceder audiencia al hijo si tuviere suficiente madurez. Cuando las desavenencias son puntuales, la intervención del Juez se reducirá a establecer cuál de los criterios ha de prevalecer para ese supuesto concreto. No es el Juez quien toma la decisión y la ejecuta sino el progenitor designado (art. 86 Ley 15/2015, de 2 de julio, de la Jurisdicción Voluntaria).

Si los desacuerdos fueran reiterados o concurriera cualquier otra causa que entorpezca gravemente el ejercicio de la patria potestad, podrá atribuirla total o parcialmente a uno de los padres o distribuir entre ellos sus funciones. Esta medida tendrá vigencia durante el plazo que se fije, que no podrá nunca exceder de dos años.

Las facultades atribuidas al Juez no afectan en ningún caso a la titularidad de la patria potestad, sino a su ejercicio temporal. No parece, por otro lado, proporcionado privar a los progenitores de la patria potestad por la existencia de desavenencias entre ellos, en cuanto al ejercicio de la misma. No obstante, garantizada la revisión de las medidas judiciales, ninguna dificultad existe para admitir la prórroga de éstas una vez concluido el período, por un nuevo plazo máximo de dos años.

El tercer apartado del artículo 156 del Cc sienta la presunción respecto a terceros de buena fe, y para los supuestos de párrafo anterior establece que "se presumirá que cada uno de los progenitores actúa en el ejercicio ordinario de la patria potestad con el consentimiento del otro".

5.3. El ejercicio de la patria potestad por uno solo de los padres

El ejercicio de la patria potestad por uno solo de los padres exclusivamente podrá tener lugar, en defecto o por ausencia, incapacidad o imposibilidad de uno de los padres (art.156.4 Cc).

En la actualidad no admite discusión que la ausencia o incapacidad han de ser declaradas judicialmente, aunque el legislador no lo diga expresamente. Asimismo, cuando el legislador prevé en el art. 156. 4 C.c. que uno de los progenitores ejerza la patria potestad, "en defecto" del otro, parece aludir a supuestos tales como fallecimiento del otro progenitor, declaración de fallecimiento, no determinación legal de la filiación, exclusión de la patria potestad, si bien en estos supuestos no sólo hay ejercicio exclusivo por un progenitor sino que la titularidad misma de la patria potestad se ve afectada. Por el contrario, ha interpretado el TS que dicho precepto no es aplicable en los casos en que uno de los progenitores se encuentra imposibilitado para su ejercicio, y el otro progenitor ha fallecido, puesto que dicha solución consiste en el ejercicio exclusivo por el otro, que en estos casos habrá fallecido (STS de 20 de enero de 1993).

En su caso, la referencia legal a la "imposibilidad de uno de los padres", podrá comprender las enfermedades y otras posibles causas que impidan de hecho al afectado el ejercicio de la patria potestad, lo que podrá plantear problemas de prueba al ser aquéllas frecuentemente desconocidas. Así, también pueden contemplarse en este supuesto la ausencia e incapacidad de hecho cuando no tengan carácter permanente.

5.4. El supuesto de la separación de los padres

Se dispone en el artículo 156.3° del Cc que "si los padres viven separados, la patria potestad se ejercerá por aquel con quien el hijo conviva. Sin embargo, el Juez, a solicitud fundada del otro progenitor, podrá, en interés del hijo, atribuir al solicitante la patria potestad para que la ejerza conjuntamente con el otro progenitor o distribuir entre el padre y la madre las funciones inherentes a su ejercicio."

En este sentido, conforme al artículo 159 del Cc, la separación de hecho de los padres no siempre conllevará el ejercicio exclusivo de la patria potestad por el progenitor que conviva con el hijo, ya que a tenor del precepto el Juez, a instancia del otro progenitor, podrá establecer otras medidas (actuación conjunta o atribución de funciones a cada progenitor) en interés del hijo.

El menor no emancipado ejercerá la patria potestad sobre sus hijos con la asistencia de sus padres, y a falta de ambos, de su tutor; en casos de desacuerdo o imposibilidad, con la del Juez (art. 157 del CC).

5.5. La intervención de la autoridad judicial en el ejercicio de la patria potestad (art. 158. Cc)

Este precepto ha sido criticado por la doctrina, que se ha considerado excesiva la amplitud de sus términos, porque facilitan al Juez una intervención permanente y de oficio en el ejercicio de la patria potestad; igualmente se ha objetado a esta disposición la amplia legitimación que reconoce para solicitar la intervención judicial (cualquier pariente, sin límite de grado), la extensión de las medidas a adoptar por el Juez y la indeterminación de alguno de los supuestos legales que permiten la intervención. La legitimación de los progenitores ha de entenderse incluida en la referencia a los parientes.

Por la amplitud de sus términos ha realizado importantes objeciones la doctrina al último apartado del artículo 158 Cc, que se refiere a "las demás disposiciones que considere oportunas", que a juicio de la doctrina únicamente permite excluir de estas medidas la privación absoluta de la patria potestad (BERCOVITZ RODRÍGUEZ-CANO). El espíritu de la norma se orienta a prevenir un peligro para el menor, o evitarle perjuicios, sin que el legislador haya establecido una mayor concreción; el peligro para el hijo no puede ni debe circunscribirse al aspecto estrictamente material o patrimonial sino también al moral.

Llegados a este punto, significar que la jurisprudencia del Tribunal Supremo ha considerado que el interés superior del menor ha de actuar como principio inspirador de todas las decisiones relacionadas con él (Ley Orgánica 8/2015, de 22 julio, de modificación del sistema de protección de la infancia y a la adolescencia), de forma que vincula al juzgador, a todos los poderes públicos e, incluso, a los padres y ciudadanos, con reconocimiento pleno de la titularidad de derechos en los menores de edad y de una capacidad progresiva para ejercitarlos, de manera que han de adoptarse aquellas medidas que sean más adecuadas al menor (STS 9 de noviembre de 2015).

Asimismo, en el artículo 159 del Cc se reconoce al Juez la facultad de decidir, en beneficio del hijo, al cuidado de qué progenitor quedarán los hijos menores de edad en aquellos supuestos en que los padres vivan separados y no decidan de común acuerdo. Para la adopción de esta decisión el Juez deberá oír antes a los hijos que tuvieren suficiente madurez y, en todo caso, a los que fueran mayores de doce años.

5.6. Los derechos de los progenitores cuando no ejercen la patria potestad

A tenor de lo dispuesto en el artículo 160 del Cc, conforme a lo dispuesto en la Ley 26/2015, de 28 de julio, de modificación del sistema de protección a la infancia y a la adolescencia redactado: "Los hijos menores tienen derecho a relacionarse con sus progenitores aunque éstos no ejerzan la patria potestad, salvo que se disponga otra cosa por resolución judicial o por la Entidad Pública en los casos establecidos en el artículo 161. En caso de privación de libertad de los progenitores, y siempre que el interés superior del menor recomiende visitas a aquellos, la Administración deberá facilitar el traslado acompañado del menor al centro penitenciario, ya sea por un familiar designado por la administración competente o por un profesional que velarán por la preparación del menor a dicha visita. Asimismo la visita a un centro penitenciario se deberá realizar fuera de horario escolar y en un entorno adecuado para el menor".

Y así, expresa el citado artículo que los menores adoptados por otra persona, solo podrán relacionarse con su familia de origen en los términos previstos en el artículo 178.4° Cc.

Por otra parte, conforme art. 160.2° Cc, "no podrán impedirse sin justa causa las relaciones personales del menor con sus hermanos, abuelos y otros parientes y allegados.

En caso de oposición, el Juez, a petición del menor, hermanos, abuelos, parientes o allegados, resolverá atendidas las circunstancias. Especialmente deberá asegurar que las medidas que se puedan fijar para favorecer las relaciones entre hermanos, y entre abuelos y nietos, no faculten la infracción de las resoluciones judiciales que restrinjan o suspendan las relaciones de los menores con alguno de sus progenitor".

El derecho de visita de los progenitores reconocido en el citado precepto comprende visitas, comunicación y compañía o estancia del hijo con el progenitor apartado del ejercicio de la patria potestad. Ha entendido, por otra parte, el Tribunal Constitucional que el derecho de relacionarse con los hijos por parte de quien no tiene su custodia se establece en beneficio de los hijos menores (STC 185/2002, de 17 de octubre).

Dispone el Juez de un importante margen de actuación para establecer o denegar en cada caso el derecho de visitas, en atención al beneficio para los hijos. Así el último párrafo del artículo 160 Cc establece que en caso de oposición, el Juez, resolverá atendidas las circunstancias, si bien como ha declarado el TS resulta intrínseco al derecho de visitas reconocido en el art. 160 la facultad del juez de suspenderlo en interés del menor (por todas, STS de 26 de noviembre de 2015), y también "en caso de peligro concreto y real para la salud física, psíquica o moral del hijo" (STS de 21 de noviembre de 2005).

Por otra parte, se contempla en el artículo 161 del Cc el derecho de los progenitores, abuelos, hermanos y demás parientes y allegados a visitar y comunicarse con el menor que se encuentre en situación de desamparo, teniendo la facultad la Entidad Pública de regular y en su caso, suspender temporalmente dicho derecho, atendidas las circunstancias y el interés del menor (STS de 18 junio de 2015); la suspensión temporal de las mismas procederá motivadamente y "previa audiencia de los afectados y del menor si tuviere suficiente madurez y, en todo caso, si fuera mayor de doce años, con inmediata notificación al Ministerio Fiscal".

A tales efectos, el Director del centro de acogimiento residencial o la familia acogedora u otros agentes o profesionales implicados informarán a la Entidad Pública de cualquier indicio de los efectos nocivos de estas visitas sobre el menor.

El menor, los afectados y el Ministerio Fiscal podrán oponerse a dichas resoluciones administrativas conforme a la Ley de Enjuiciamiento Civil (art. 161 Cc).

6. DE LA REPRESENTACIÓN LEGAL DE LOS HIJOS

Se proclama en el artículo 162 del Cc que "los padres que ostenten la patria potestad tienen la representación legal de sus hijos menores no emancipados

6.1. El contenido de la representación

El deber de representación se constituye *ope legis*, es la Ley la que establece y determina el ámbito y la extinción de las facultades de representación de los padres. Ante la generalidad de la Ley, el deber de representación de los padres alcanza a todas las facultades concernientes a los bienes, derechos y deberes de los hijos, salvo las que expresamente han sido excluidas por la ley. Por tanto, el padre que ostente la patria potestad dispone de plenas facultades para actuar tanto en el ámbito judicial como extrajudicial en representación de sus hijos.

Ahora bien, el menor sometido a patria potestad no por ello carece de personalidad, tan es así que el legislador ha excluido del contenido de la representación legal:

1°. Los actos relativos a derechos de la personalidad u otros que el hijo, de acuerdo con las leyes y con sus condiciones de madurez, puede realizar por sí mismo (STS de 19 de julio de 2000).

2°. Aquéllos en que exista conflicto de intereses entre los padres y el hijo.

3°. Los relativos a bienes que estén excluidos de la administración de los padres.

La actuación de los progenitores en representación de sus hijos no se encuentra exenta de limitaciones; así, por ejemplo, para celebrar contratos que obliguen al hijo a realizar prestaciones personales se requiere el previo consentimiento de éste si tuviere suficiente madurez, sin perjuicio de lo establecido en el artículo 158 Cc. Es el padre como representante legal quien contrata, y el hijo complementa la legitimación de aquél con su consentimiento. Ahora bien, el consentimiento deberá ser previo y el hijo deberá tener "suficiente madurez", para comprender el acto que va a realizar. Considera algún autor que lo preferible, atendidas las circunstancias, hubiera sido conceder al hijo la facultad de oposición al acto.

Así, el deber de representación de los padres se extiende a satisfacer los gastos judiciales hechos para defender a los hijos, pero no cuando el hijo litigue contra el padre. No cabe pensar que la intervención pública judicial merma la autoridad paterna que representa la patria potestad, que ha de ejercerse si así es preciso sacrificando los intereses propios de los padres, en aras del beneficio de los hijos, es por ello que razonablemente los Tribunales cuando existe conflicto de intereses han de proveer al hijo de un defensor (STS de 17 de mayo de 2004).

6.2. De los conflictos de intereses en el ejercicio del derecho de representación

A tenor del artículo 163 del Cc "siempre que en algún asunto el padre y la madre tengan interés opuesto al de sus hijos no emancipados, se nombrará a éstos un defensor que los represente en juicio y fuera de él. Se procederá también a ese nombramiento cuando los padres tengan un interés opuesto al del menor emancipado cuya capacidad deban completar. Si el conflicto de intereses existiera sólo con uno de los progenitores corresponde al otro por Ley y sin necesidad de especial nombramiento representar al menor o completar su capacidad".

El fundamento de este precepto se encuentra en la pretensión de protección de los intereses del menor, que pudieran verse lesionados como consecuencia de un posible conflicto de intereses entre éste y quienes le representan legalmente o completan su capacidad para determinados actos. Es, por tanto, una garantía para que la representación del menor no se encomiende a quien en dichos supuestos mantiene con él conflicto de intereses.

Advierte la doctrina que es la figura del defensor judicial la de una auténtica representación legal para el caso concreto de que se trate, tal y como se desprende de lo dispuesto en el artículo 163 del Cc cuando afirma que "se nombrará a éstos un defensor que los represente en juicio y fuera de él".

¿Cuándo se entenderá que existe incompatibilidad entre los intereses del hijo y de los padres? El legislador de forma expresa se refiere a la existencia de un "interés opuesto", sin que se haya detenido a especificar cuándo existirá incompatibilidad u oposición de interés. La doctrina ha sugerido que existirá tal incompatibilidad cuando no pueda atenderse a los intereses de ambos a la vez, sin que uno de ellos resulte perjudicado (HERNÁNDEZ GIL). Según MORENO MARTÍNEZ los caracteres del conflicto de intereses son: a) Que sea real y no sólo aparente, b) Que sea actual, que exista en el momento de plantearse el asunto.

No obstante, ha excluido el TS la falta de legitimación de la madre para ejercitar en nombre de su hija menor la acción de reclamación de la filiación extramatrimonial, a la que se vinculó otra acción de impugnación de la filiación matrimonial, por existir conflicto entre el interés de la progenitora y el superior interés de la menor (STS de 30 de junio de 2016).

La designación del defensor judicial, a tenor de lo dispuesto en el artículo 299 y siguientes del Cc tendrá lugar en expediente de jurisdicción voluntaria (art. 27 y ss Ley 15/2015, de 2 de julio, de la Jurisdicción Voluntaria), de oficio o a petición del Ministerio Fiscal, del propio menor o de cualquier persona capaz de comparecer en juicio (cfr. art. 300 Cc). El procedimiento será el de jurisdicción voluntaria, y se podrá designar como defensor "a quien se estime más idóneo para el cargo".

El defensor judicial tendrá las atribuciones que se le hayan concedido, y deberá rendir cuentas de su gestión una vez concluida (art. 302 del Cc). Asimismo, serán aplicables al defensor judicial las causas de inhabilidad, excusas y remoción de los tutores y curadores.

7. DE LOS BIENES DE LOS HIJOS Y DE SU ADMINISTRACIÓN

7.1. La administración de los bienes de los hijos

La administración de los hijos sujetos a patria potestad por regla general incumbe a los padres. Así se desprende de lo dispuesto en el artículo 164 del Cc cuando afirma que "los padres administrarán los bienes de los hijos con la misma diligencia que los suyos propios, cumpliendo las obligaciones generales de todo administrador y las especiales establecidas en la Ley Hipotecaria". Advierte BERCOVITZ RODRÍGUEZ-CANO que los padres, al igual que un administrador, deberán formular inventario de los bienes de cuya gestión deben rendir cuentas; así se establecía con anterioridad a la reforma de 1981, asimismo, los progenitores podrán reembolsarse los gastos producidos y los daños sufridos en relación con la administración de los bienes de los hijos.

Se exige a los progenitores en la administración de los bienes de los hijos la misma diligencia que para los suyos propios, lo que constituye una apreciación de índole subjetiva que deberá ser matizada con criterios objetivos. En efecto, en supuestos especiales tales como el contemplado en el artículo 168.2 del Cc, si se ha producido pérdida o deterioro de bienes del hijo, los progenitores responderán si han incurrido en dolo o culpa grave.

Por su parte, el legislador establece en el segundo apartado del artículo 164 excepciones a la facultad de administración de los padres, dichas excepciones toman en consideración el origen de los bienes de los hijos (RDGRN de 1 de abril de 1993). Así se exceptúan de la administración de los padres los siguientes bienes:

1°. Los adquiridos por título gratuito cuando el disponente lo hubiere ordenado de manera expresa. Se cumplirá estrictamente la voluntad de éste sobre la administración de estos bienes y destino de sus frutos.

Significar en primer lugar la trascendencia que se concede a la voluntad del disponente, por cuanto que cuando aquélla sea expresa deberá cumplirse estrictamente. Así pues el disponente podrá simplemente excluir a los progenitores de su administración, o podrá designar administrador o administradores, indicando en este caso la forma de actuación. Nada se ha dispuesto sobre la administración de los bienes, supletoriamente resultará de aplicación lo previsto en el artículo 166 y siguientes del Cc. Se ha limitado a excluir a los progenitores de la administración, sin designar administrador, por lo que habrá que aplicar las normas contenidas en el artículo 164.2 del Cc, y se deberá recurrir a la designación de un administrador judicial.

2°. Los adquiridos por sucesión en que el padre, la madre o ambos hubieran sido justamente desheredados o no hubieran podido heredar por causa de indignidad, que serán administrados por la persona designada por el causante, y en su defecto y sucesivamente, por el otro progenitor o por un administrador judicial especialmente nombrado.

La problemática que se plantea en este supuesto es si la prohibición legal comprenderá todos los bienes a que tenga derecho el hijo en esa sucesión en la que los padres han sido desheredados o indignos, o si por el contrario estará limitada a los bienes que reciben en la sucesión en virtud de la incapacidad de sus padres.

3°. Los que el hijo mayor de dieciséis años hubiera adquirido con su trabajo o industria. Los actos de administración ordinaria serán realizados por el hijo, que necesitará el consentimiento de los padres para los que excedan de ella.

La excepción comprende también los bienes que se subroguen en el lugar de los adquiridos por el trabajo o industria del menor, y también a los frutos.

Respecto a los ingresos por trabajo o industria de los hijos menores de dieciséis años, admite la doctrina que una vez alcanzada dicha edad, queden excluidos de la administración de los progenitores (BERCOVITZ RODRÍGUEZ-CANO).

¿Qué debe entenderse por actos de "administración ordinaria"? Para el profesor SANCHO REBULLIDA los dos parámetros que pueden definir la administración ordinaria son: por un lado, la circunstancia de no comprometer en acto ni en potencia la composición sustancial del patrimonio administrado; y por otro lado, la habitualidad en el tiempo y la generalidad en el sector. Así, se deben excluir aquellos actos que siendo jurídicamente de administración tienen por su importancia o régimen jurídico repercusión económica equiparable a la de los de disposición –arrendamiento de inmuebles sometidos a prórroga forzosa–.

7.2. El disfrute de los bienes de los hijos sujetos a patria potestad

El Código civil en su artículo 165 establece que "pertenecen siempre al hijo no emancipado los frutos de sus bienes, así como todo lo que adquiera con su trabajo o industria".

En la actualidad la obligación de contribución a las cargas de la familia constituye un principio plenamente vigente en la sociedad, por lo que si bien desapareció el usufructo legal de los progenitores, el deber de los hijos de contribuir a las cargas familiares no se suprime del Código (cfr. art. 155.2° y 165.2° y 3° del Cc).

Por otro lado, el apartado segundo del artículo 165 Cc establece que "no obstante, los padres podrán destinar los bienes del menor que viva con ambos o con uno sólo de ellos, en la parte que le corresponda, al levantamiento de las cargas familiares, y no estarán obligados a rendir cuentas de lo que hubiesen consumido en tales atenciones".

No puede realizarse un análisis aislado de esta disposición, por cuanto que guarda estrecha relación con lo dispuesto en el artículo 155.2° del Cc que establece como obligación de los hijos "contribuir equitativamente, según sus posibilidades, al levantamiento de las cargas de la familia mientras convivan con ella".

De igual forma que el artículo 155.2 Cc en el artículo 165 Cc se condiciona el deber de contribución de los hijos a la convivencia con los progenitores o con uno de ellos. Asimismo, se establece el deber de contribuir "equitativamente, según sus posibilidades" (art. 155.2 del Cc) o "en la parte que le corresponda" (art. 165.2 del Cc), por lo que para determinar la contribución del hijo habrá que ponderar la necesidad de la familia y los recursos del menor.

"Con este fin se entregarán a los padres, en la medida adecuada, los frutos de los bienes que ellos no administren. Se exceptúan los frutos de los bienes a que se refieren los números 1 y 2 del artículo anterior y los de aquellos donados o dejados a los hijos especialmente para su educación o carrera, pero si los padres carecieren de medios podrán pedir al Juez que se les entregue la parte que en equidad proceda" (art. 165.3 Cc).

La referencia a la exclusión de los bienes dejados a título gratuito resulta inútil por cuanto que en cada caso habrá que estar a lo dispuesto por el disponente, que en ocasiones podrá ser contradictorio con lo previsto en el artículo 165 del Cc.

Por otro lado, la referencia a los frutos de los bienes dejados a los hijos para su educación o carrera, resulta innecesaria, ya que este supuesto se entiende comprendido en el apartado primero, relativo a los bienes dejados a título gratuito. Ahora bien, en todo caso los progenitores podrán solicitar al Juez que les entregue la parte que en equidad proceda cuando los padres carezcan de medios.

7.3. Enajenación y gravamen de los bienes de los hijos sometidos a patria potestad

La necesidad de asegurar la conservación del patrimonio de los hijos mientras se encuentran sujetos a patria potestad aconseja la imposición de ciertos límites legales a los actos de enajenación de los bienes de dicho patrimonio.

En la actualidad, el artículo 166 del Cc establece que "los padres no podrán renunciar a los derechos de que los hijos sean titulares ni enajenar o gravar sus bienes inmuebles, establecimientos mercantiles o industriales, objetos preciosos y valores mobiliarios, salvo el derecho de suscripción preferente de acciones, sino por causas justificadas de utilidad o necesidad y previa la autorización del Juez del domicilio, con audiencia del Ministerio Fiscal".

Por lo que se refiere a los actos de renuncia, habrá que distinguir según la renuncia: no son incluibles las traslativas ni las preventivas; pero sí las recognoscitivas o declarativas, y las abdicativas. Las renuncias de los padres a indemnizaciones por accidente necesitarán autorización (STS de 22 de diciembre de 1989).

A tenor de lo previsto en el artículo 164 del Cc, los actos y bienes no incluidos en el art. 166 Cc podrán ser realizados por los progenitores, como titulares de la patria potestad y administradores de los bienes de sus hijos sin necesidad de autorización judicial. Respecto a los bienes en los que los progenitores están excluidos de la administración, los administradores se encontrarán limitados por la aplicación de las reglas del artículo 166 del Cc. El defensor judicial del hijo también precisará autorización judicial, cuando realice el acto de disposición para el que ha sido nombrado.

La renuncia a los derechos del hijo se configura en el Código de forma más limitada y estricta que los actos de disposición y gravamen, ya que la renuncia a cualquier derecho sólo podrá realizarse por los progenitores con autorización judicial, en tanto que los actos de gravamen y disposición que precisan de autorización judicial quedan restringidos a los expresamente indicados en la ley. La licencia o autorización judicial tanto para renunciar a derechos como para gravar o disponer de los bienes sólo podrá obtenerse cuando existan "causas justificadas de utilidad o necesidad". Los actos de enajenación sujetos a licencia judicial serán tanto los realizados a título oneroso como los realizados a título gratuito.

Por otra parte, el artículo 166.2 del Cc señala que "Los padres deberán recabar autorización judicial para repudiar o legado deferidos al hijo. Si el Juez denegase la autorización, la herencia sólo podrá ser aceptada a beneficio de inventario".

Si bien nada se dice respecto a la posibilidad de aceptar la herencia del hijo pura y simplemente, ninguna objeción puede plantearse a esta posibilidad por cuanto que el tutor puede aceptar de esta forma, si bien necesitará autorización judicial (art. 271.4 del Cc).

Claro que a tenor de lo dispuesto en el artículo 166.3 del Cc "no será necesaria autorización judicial si el menor hubiese cumplido dieciséis años y consintiere en documento público, ni para la enajenación de valores mobiliarios siempre que su importe se reinvierta en bienes o valores seguros". El consentimiento del menor que haya cumplido dieciséis años suplirá al del Juez, por lo que deberá realizarse con las garantías debidas –obsérvese que exige el legislador escritura pública–; será otorgado para cada acto concreto y no será válido el concedido con carácter general. Si el hijo se negare a prestar el consentimiento, no resultará sencillo obtener la licencia judicial, ya que no debe olvidarse que el Juez deberá oír al hijo mayor de doce años en toda cuestión que le afecte.

La enajenación de los bienes inmuebles del hijo efectuada por el padre sin la autorización judicial como requisito imperativo, para la mejor protección del menor dará lugar a un negocio nulo por infringir el art. 6.3 Cc y 1.300 del Cc (STS 21 de enero de 2000), y la venta sólo podrá convalidarse por los menores, al llegar a la mayoría de edad, pero ello no impide que pueda decretarse la nulidad mediante el ejercicio de la acción regulada en el artículo 1.302 del Cc. Por otra parte, si la autorización judicial constituye un elemento del consentimiento, el negocio será anulable por vicio del consentimiento (SÁNCHEZ ROMÁN); y así, en opinión del Tribunal Supremo "la actuación del representante legal sin la autorización judicial no implica que falte el consentimiento (...) sino que se ha dado éste, (...) aunque sin la preceptiva autorización judicial." (STS de 3 marzo 2006). Frente a esta orientación jurisdiccional, declara expresamente el TS que "el acto realizado con falta de poder, es decir, sin los requisitos exigidos en el artículo 166 CC constituye un contrato o un negocio jurídico incompleto, que mantiene una eficacia provisional, estando pendiente de la eficacia definitiva que se produzca la ratificación del afectado, que puede ser expresa o tácita (STS de 22 de abril de 2010).

7.4. De las medidas judiciales de protección de los bienes del hijo

Tal y como se dispone en el artículo 167 del CC "Cuando la administración de los progenitores ponga en peligro el patrimonio del hijo, el Juez, a petición del propio hijo, del Ministerio Fiscal o de cualquier pariente del menor, podrá adoptar las medidas que estime necesarias para la seguridad y recaudo de los bienes, exigir caución o fianza para la continuación en la administración o incluso nombrar un Administrador".

Se pretende dar respuesta a una situación de riesgo para los bienes del hijo, provocada por la inconveniente administración y gestión de los progenitores. Adviértase la indefinición de los términos empleados por el legislador, ya que el Juez podrá intervenir en favor de los bienes del menor cuando la actuación de los progenitores "ponga en peligro el patrimonio del hijo", lo que supone dejar un amplio margen de discrecionalidad a la decisión judicial (art. 87 Ley 15/2015, de 2 de julio).

Entre las medidas que el Juez podrá adoptar cita el legislador "el recaudo" de los bienes, así como la fianza o caución para la continuación de los progenitores en la administración de los bienes. El nombramiento de un nuevo administrador es otra de las medidas que el legislador prevé, con lo que los progenitores en este caso quedarían excluidos de la administración de los bienes del hijo. En el nombramiento judicial de administrador se hará referencia a las facultades de éste, así como a los bienes a que se extenderá la administración (art. 166 del Cc).

En otro orden de consideraciones, constituyendo la administración no sólo un derecho sino un deber, "al término de la patria potestad podrán los hijos exigir a los padres la rendición de cuentas de la administración que ejercieron sobre sus bienes hasta entonces. La acción para exigir el cumplimiento de esta obligación prescribirá a los tres años. En caso de pérdida o deterioro de los bienes por dolo o culpa grave, responderán los padres de los daños y perjuicios sufridos" (art. 168 Cc).

8. LA EXTINCIÓN DE LA PATRIA POTESTAD

8.1. Modos absolutos de extinción de la patria potestad

Dice el artículo 169 del Cc que la patria potestad se acaba por:

1°. La muerte o la declaración de fallecimiento de los padres o del hijo. La muerte de los progenitores produce naturalmente la extinción de la patria potestad al carecer de sujeto que pueda ejercitarla. El fallecimiento o la declaración de fallecimiento deberá afectar a ambos progenitores, porque de lo contrario la patria potestad recaerá en el sobreviviente.

2°. La emancipación. A estos efectos, según el artículo 314 del Cc, la emancipación tendrá lugar por: la mayor edad, el matrimonio del menor, concesión de los que la ejerzan y por concesión judicial.

3°. Por la adopción del hijo. Los menores seguirán sometidos a la patria potestad, aunque de otros ejercientes. No es éste un supuesto de extinción de la patria potestad en relación al hijo, sino únicamente respecto a los padres por naturaleza, ya que en realidad tiene lugar un cambio de titularidad en la patria potestad.

8.2. Modos relativos de extinción de la patria potestad

El actual artículo 170 del Cc señala que "el padre o la madre podrán ser privados total o parcialmente de la patria potestad por sentencia fundada en el incumplimiento de los deberes inherentes a la misma o dictada en causa criminal o matrimonial". Ha manifestado el TS que la privación de la patria potestad en estos casos deberá contemplar el interés o beneficio del menor (SSTS de 24 de abril de 2000 y 2 de octubre de 2003). Asimismo, ha expresado que "el artículo 170 del Código civil, en cuanto contenedor de una norma sancionadora, debe ser objeto de interpretación restrictiva, la aplicabilidad del mismo exige que, en el caso concreto de que se trate, aparezca plenamente probado que el progenitor, al que se pretende privar de la patria potestad, haya dejado de cumplir los deberes inherentes a la misma..." (STS de 10 de noviembre de 2005).

Por otra parte, el Tribunal modificando su criterio anterior, avala la privación de la patria potestad por vía penal en los casos de delitos castigados con 10 o más años de cárcel, si hay relación directa entre delito y la privación de ese derecho (art. 55 CP). (STS de 30 de septiembre de 2015).

El padre que cesa en la patria potestad tiene la obligación de restituir el patrimonio del hijo a éste, o cuando proceda, a la madre o al tutor. La terminación de la patria potestad no extingue la obligación de alimentos de los padres hacia los hijos. Asimismo, el progenitor que pierda la patria potestad por las causas del artículo 170 puede ser desheredado por el hijo o por el cónyuge (arts. 854.1° y 855.2° del Cc), cuando recaiga sentencia de privación de patria potestad.

Por otra parte, el legislador prevé en el artículo 170.2 Cc que "los Tribunales podrán, en beneficio e interés del hijo, acordar la recuperación de la patria potestad cuando hubiere cesado la causa que motivó la privación". Luego la recuperación de la patria potestad precisará de dos condiciones: que cese la causa que motivó la privación; y que de la nueva decisión se derive un beneficio o interés para el menor. Para que esto sea así, será necesaria una revisión judicial, que actualice la anterior decisión en beneficio del hijo.

9. LA PATRIA POTESTAD PRORROGADA Y REHABILITADA

Según proclama el artículo 171 del Cc: "la patria potestad sobre los hijos que hubieren sido incapacitados quedará prorrogada, por ministerio de la ley, al llegar aquéllos a la mayor edad. Si el hijo mayor de edad soltero que viviere en compañía de sus padres o de cualquiera de ellos fuere incapacitado se rehabilitará la patria potestad, que será ejercida por quien correspondiere si el hijo fuera menor de edad. La patria potestad prorrogada en cualquiera de estas dos formas se ejercerá con sujeción a lo especialmente dispuesto en la resolución de incapacitación y, subsidiariamente, en las reglas del presente título".

Se regulan en el citado precepto dos formas de patria potestad prorrogada: la propiamente prorrogada o subsistente sobre hijos incapacitados que alcanzan la mayoría de edad; y la rehabilitada, que se ejerce sobre hijos mayores solteros que, viviendo con los padres, son declarados incapaces.

En el primero de los supuestos indicados la patria potestad al alcanzar la mayoría de edad el hijo incapacitado se prorroga por ministerio de ley, sin que sea necesario ningún otro procedimiento judicial. Ahora bien, la incapacidad del hijo deberá estar declarada judicialmente. La actuación de los padres desde entonces se regirá por lo dispuesto en la resolución judicial de incapacitación, y subsidiariamente, por las normas del Título VII.

Respecto la rehabilitación de la patria potestad sobre los hijos incapacitados, se exigen como presupuestos legales que el hijo sea soltero, y que conviva con los padres. Respecto a la exigencia de convivencia con los padres, parece necesario interpretar por convivencia no la efectiva residencia bajo un mismo techo, sino el hecho de que los padres ejerzan plenamente sus funciones de guarda y custodia respecto al hijo.

El apartado segundo del artículo 171 del Cc establece los casos en que terminará la patria potestad rehabilitada o prorrogada.

CAPÍTULO 6
DE LA ADOPCIÓN Y OTRAS FORMAS DE PROTECCIÓN DE MENORES

1. DE LA GUARDA Y ACOGIMIENTO DE MENORES

1.1. Perspectiva general

Importantes, y significativas ha sido la reformas y novedades legislativas que se han introducido con ocasión de la aprobación de Ley 26/2015, de 28 de julio, de modificación del sistema de protección a la infancia y a la adolescencia en la Sección primera, Capítulo V, Título VII del Libro I del Código Civil, que regula la materia relativa a la guarda y acogimiento de menores en los artículos 172, 173 y 174. Así, por ejemplo, se establecen por vez primera en una norma estatal las circunstancias que determina la situación de desamparo; se recoge la prioridad del acogimiento familiar respecto al residencial, y se regula también la posibilidad de acordar, por las Entidades Públicas, estancias, salidas de fin de semana o vacaciones con familias, de origen o alternativas, o instituciones adecuadas para los menores en acogimiento.

En el ámbito de la adopción, se incluye, como una importante novedad, la posibilidad de que, a pesar de que al constituirse la adopción se extingan los vínculos jurídicos entre el adoptado y su familia de procedencia, pueda mantenerse con algún miembro de ella alguna forma de relación o contacto a través de visitas o de comunicaciones, incluso entre los hermanos biológico; y se refuerza el derecho de acceso a los orígenes biológicos de las personas adoptadas, obligando a las Entidades Públicas a garantizarlo y mantener la información durante el plazo previsto en el Convenio Europeo de Adopción, y al resto de entidades a colaborar con las primeras y con el Ministerio Fiscal.

1.2. Situación del menor desamparado. De la tutela automática

1.2.1. La situación de desamparo

Según proclama el artículo 172.1° del Cc "Cuando la Entidad Pública a la que, en el respectivo territorio, esté encomendada la protección de los menores constate que un menor se encuentra en situación de desamparo, *tiene por ministerio de la ley* la tutela del mismo y deberá adoptar las medidas de protección necesarias para su guarda, poniéndolo en conocimiento del Ministerio Fiscal y, en su caso, del Juez que acordó la tutela ordinaria".

En efecto, la situación de desamparo es una situación de hecho, que no precisa de declaración judicial, tal y como se desprende de la previsión legal establecida en el artículo 172.1° del Cc. La situación de desamparo vendrá determinada por una situación de abandono o una privación al menor de la necesaria asistencia moral o material, pero cuando dicha situación sea consecuencia bien del incumplimiento o del inadecuado ejercicio de los deberes de protección de ámbito personal (art. 172.1° del Cc), tales como acompañar, alimentar, educar y velar por los menores; o bien de la imposibilidad (sea o no declarada judicialmente) para ejercitar los deberes de guarda, siendo fundamental la privación al menor de la asistencia moral o material.

La propia Ley define la situación de desamparo del menor, entendiendo por tal "la que se produce de hecho a causa del incumplimiento, o del imposible o inadecuado ejercicio de los deberes de protección establecidos por las leyes para la guarda de los menores, cuando éstos queden privados de la necesaria asistencia moral o material". Así pues, esta tutela legal ha de considerarse supletoria, bien entendido que, en defecto de patria potestad, se deberá designar tutor de acuerdo a las normas ordinarias, siempre que existan personas que, por su proximidad y relación con el menor, puedan asumir la tutela en beneficio de éste.

Es necesario a juicio del TS que se cumplan dos requisitos para que se pueda apreciar la situación de desamparo (STS 27 de octubre de 2014):

a) el incumplimiento por parte de las personas obligadas a ello de los deberes de protección del menor;

b) la efectiva privación para éste de asistencia material o moral.

Por su parte, como novedad, expresa el art. 18 de la Ley orgánica 1/1996 de 15 de enero, que existe situación de desamparo cuando se dé alguna o algunas de las siguientes circunstancias con la suficiente gravedad que, valoradas y ponderadas conforme a los principios de necesidad y proporcionalidad, supongan una amenaza para la integridad física o mental del menor, y se cita en otras:

a) El abandono del menor.

b) El transcurso del plazo de guarda voluntaria.

c) El riesgo para la vida, salud e integridad física del menor.

d) El riesgo para la salud mental, la integridad moral y el desarrollo de su personalidad del menor debido al maltrato psicológico continuado o a la falta de atención grave y crónica de sus necesidades afectivas o educativas por parte de progenitores, tutores o guardadores.

e) El incumplimiento o imposible o inadecuado ejercicio de los deberes de guarda como consecuencia del grave deterioro del entorno o de las condiciones de vida familiares, cuando den lugar a circunstancias o comportamientos que perjudiquen el desarrollo del menor o su salud mental.

f) La inducción a la mendicidad, delincuencia o prostitución, o cualquier otra explotación del menor de similar naturaleza o gravedad.

g) La ausencia de escolarización o falta de asistencia reiterada y no justificada al centro educativo y la permisividad continuada o la inducción al absentismo escolar durante la escolarización obligatoria.

h) Cualquier otra situación gravemente perjudicial para el menor que traiga causa del incumplimiento o del imposible o inadecuado ejercicio de la patria potestad, la tutela o la guarda, cuyas consecuencias no puedan ser evitadas mientras permanezca en su entorno de convivencia.

Por otra parte, de lo previsto en el artículo 172 del Cc se desprende que la resolución "administrativa" que aprecie el desamparo corresponde a la entidad pública, lo que excluye la actuación judicial de una importante decisión en relación al menor; por ello, parece oportuno al menos la garantía legal, por la que dicha resolución administrativa se encuentre sometida a la vigilancia del Ministerio Fiscal, y en su caso del Juez que acordó la tutela ordinaria (art. 174.1° del Cc).

1.2.2. De la tutela por las entidades públicas de los menores desamparados

Se establece en el artículo 172.1° del Cc que la Entidad pública a la que, en el respectivo territorio, esté encomendada la protección de los menores, cuando constate que un menor se encuentra en situación de desamparo, tiene por ministerio de la ley la tutela del mismo y deberá adoptar las medidas de protección necesarias para su guarda. En su caso, la resolución administrativa que declare la situación de desamparo y las medidas adoptadas se notificará en legal forma a los progenitores, tutores o guardadores y al menor afectado si tuviere suficiente madurez y, en todo caso, si fuere mayor de doce años, de forma inmediata sin que sobrepase el plazo máximo de cuarenta y ocho horas. La información será clara, comprensible y en formato accesible, incluyendo las causas que dieron lugar a la intervención de la Administración y los efectos de la decisión adoptada, y en el caso del menor, adaptada a su grado de madurez. Siempre que sea posible, y especialmente en el caso del menor, esta información se facilitará de forma presencial.

Así, corresponde el ejercicio de la tutela legal a las entidades públicas –han asumido dicha atribución las Comunidades Autónomas–, si bien es posible que dicha función sea objeto de delegación a determinadas entidades privadas. La atribución a la entidad pública de la tutela o guarda tiene lugar de forma automática, y procede por resolución administrativa que aprecie la situación de desamparo, sin que sea precisa una declaración judicial, si bien lleva consigo "la suspensión de la patria potestad o de la tutela ordinaria. No obstante, serán válidos los actos de contenido patrimonial que realicen los padres o tutores en representación del menor y que sean beneficiosos para él".

Durante el plazo de dos años desde la notificación de la resolución administrativa por la que se declare la situación de desamparo, los progenitores que continúen ostentando la patria potestad o los tutores cuando la tengan suspendida, podrán solicitar a la Entidad Pública que cese la suspensión y quede revocada la declaración de situación de desamparo del menor, si, por cambio de las circunstancias que la motivaron, entienden que se encuentran en condiciones de asumir nuevamente la patria potestad o la tutela (véase art. 172.2 Cc). Igualmente, durante el mismo plazo de dos años podrán oponerse los progenitores o los tutores a las decisiones que se adopten respecto a la protección del menor.

Pasado dicho plazo decaerá el derecho de los progenitores o tutores a solicitar u oponerse a las decisiones o medidas que se adopten para la protección del menor. No obstante, podrán facilitar información a la Entidad Pública y al Ministerio Fiscal sobre cualquier cambio de las circunstancias que dieron lugar a la declaración de situación de desamparo.

En todo caso, transcurridos los dos años, únicamente el Ministerio Fiscal estará legitimado para oponerse a la resolución de la Entidad Pública. Durante ese plazo de dos años, la Entidad Pública, ponderando la situación y poniéndola en conocimiento del Ministerio Fiscal, podrá adoptar cualquier medida de protección, incluida la propuesta de adopción, cuando exista un pronóstico fundado de imposibilidad definitiva de retorno a la familia de origen.

La Entidad Pública, de oficio o a instancia del Ministerio Fiscal o de persona o entidad interesada, podrá revocar la declaración de situación de desamparo y decidir el retorno del menor con su familia, siempre que se entienda que es lo más adecuado para su interés. Dicha decisión se notificará al Ministerio Fiscal (art. 172.3° C.c.).

Con carácter excepcional, la Entidad Pública podrá asumir la guarda provisional de un menor mediante resolución administrativa, que deberá comunicar al Ministerio Fiscal, procediendo simultáneamente a practicar las diligencias precisas para identificar al menor, investigar sus circunstancias y constatar, en su caso, la situación real de desamparo.

Tales diligencias se realizarán en el plazo más breve posible, durante el cual deberá procederse, en su caso, a la declaración de la situación de desamparo y consecuente asunción de la tutela o a la promoción de la medida de protección procedente. Si existieran personas que, por sus relaciones con el menor o por otras circunstancias, pudieran asumir la tutela en interés de éste, se promoverá el nombramiento de tutor conforme a las reglas ordinarias.

Cuando hubiera transcurrido el plazo señalado y no se hubiera formalizado la tutela o adoptado otra resolución, el Ministerio Fiscal promoverá las acciones procedentes para asegurar la adopción de la medida de protección más adecuada del menor por parte de la Entidad Pública.

1.3. De la guarda de los menores

El art. 172 bis 2° Cc dispone que “cuando los progenitores o tutores, por circunstancias graves y transitorias debidamente acreditadas, no puedan cuidar al menor, podrán solicitar de la Entidad Pública que ésta asuma su guarda durante el tiempo necesario, que no podrá sobrepasar dos años como plazo máximo de cuidado temporal del menor, salvo que el interés superior del menor aconseje, excepcionalmente, la prórroga de las medidas. Transcurrido el plazo o la prórroga, en su caso, el menor deberá regresar con sus progenitores o tutores o, si no se dan las circunstancias adecuadas para ello, ser declarado en situación legal de desamparo.”

Asimismo, se asumirá también la guarda, sin necesidad de solicitud por los progenitores o tutores, por la entidad pública en supuestos en los que lo acuerde el Juez, en los casos en que legalmente proceda (art. 172.bis 2º Cc). Por tanto, frente a la tutela legal que se produce de hecho, la guarda requerirá en ciertos casos la resolución judicial.

La entrega voluntaria de la guarda se hará por escrito dejando constancia de que los progenitores o tutores han sido informados de las responsabilidades que siguen manteniendo respecto del menor, así como de la forma en que dicha guarda va a ejercerse por la Entidad Pública garantizándose, en particular a los menores con discapacidad, la continuidad de los apoyos especializados que vinieran recibiendo o la adopción de otros más adecuados a sus necesidades.

La resolución administrativa sobre las asunción de la guarda por la Entidad Pública, así como sobre cualquier variación posterior de su forma de ejercicio, será fundamentada y comunicada a los progenitores o tutores y al Ministerio Fiscal.

En estas circunstancias, conforme dispone el art. 19.2 de la Ley orgánica 1/1996, la guarda voluntaria tendrá una duración máxima de dos años, salvo que el interés superior del menor aconseje, excepcionalmente, la prórroga de la medida por la previsible reintegración familiar en un plazo breve de tiempo. En todo caso, será necesario el compromiso de la familia de someterse, en su caso, a la intervención profesional.

Advierte el art. 173 ter Cc que "la guarda se realizará mediante el acogimiento familiar y, no siendo éste posible o conveniente para el interés del menor, mediante el acogimiento residencial. El acogimiento familiar se realizará por la persona o personas que determine la Entidad Pública. El acogimiento residencial se ejercerá por el Director o responsable del centro donde esté acogido el menor, conforme a los términos establecidos en la legislación de protección de menores.

La resolución de la Entidad Pública en la que se formalice por escrito la medida de guarda se notificará a los progenitores o tutores que no estuvieran privados de la patria potestad o tutela, y al Ministerio Fiscal.

De acuerdo con lo previsto en el art. 173 ter Cc para el ejercicio de la guarda por la Entidad pública pueden establecerse los siguientes principios legales:

a) Se buscará siempre el interés del menor y se priorizará, cuando no sea contrario a ese interés, su reintegración en la propia familia y que la guarda de los hermanos se confíe a una misma institución o persona para que permanezcan unidos.
b) La Entidad Pública podrá acordar, en relación con el menor en acogida familiar o residencial, cuando sea conveniente a su interés, estancias, salidas de fines de semana o de vacaciones con familias o con instituciones dedicadas a estas funciones.
c) Será oído el menor si tuviere suficiente madurez y, en todo caso, si fuera mayor de doce años antes de la adopción de cualesquiera medidas que le afecten.
d) En los casos de declaración de situación de desamparo o de asunción de la guarda por resolución administrativa o judicial, podrá establecerse por la Entidad Pública la cantidad que deben abonar los progenitores o tutores para contribuir, en concepto de alimentos y en función de sus posibilidades, a los gastos derivados del cuidado y atención del menor, así como los derivados de la responsabilidad civil que pudiera imputarse a los menores por actos realizados por los mismos.

1.4. Del acogimiento de menores

1.4.1. Concepto y fines del acogimiento

Por el acogimiento de un menor éste se integra en la vida de una familia como un miembro más –es el denominado acogimiento familiar–, o bien se inserta en un Centro de acogida –es el acogimiento residencial– sin que por ello dicho menor pierda los vínculos jurídicos que le unen a su familia de origen.

Como se proclama en el artículo 173.1° del Cc “el acogimiento familiar produce la plena participación del menor en la vida de familia e impone a quien lo recibe las obligaciones de velar por él, tenerlo en su compañía, alimentarlo, educarlo y procurarle una formación integral en un entorno afectivo. En el caso de menor con discapacidad, deberá continuar con los apoyos especializados que viniera recibiendo o adoptar otros más adecuados a sus necesidades".

Señala el art. 20.1° de la Ley orgánica 1/1996 que "el acogimiento familiar, de acuerdo con su finalidad y con independencia del procedimiento en que se acuerde, revestirá las modalidades establecidas en el código Civil y, en razón de la vinculación del menor con la familia acogedora, podrá tener lugar en la propia familia extensa del menor o en familia ajena". Y así, siguiendo lo dispuesto en el art. 173 bis Cc "el acogimiento familiar podrá tener lugar en la propia familia extensa del menor o en familia ajena, pudiendo en este último caso ser especializado".

1.4.2. Procedimiento de constitución del acogimiento

Señala la doctrina que el acogimiento es un negocio jurídico familiar, ya que los padres pueden recurrir de forma directa a esta institución, que tiene carácter temporal y es eminentemente formal (GARCÍA GARCÍA). No obstante, en opinión de EGEA FERNÁNDEZ el acogimiento no se formaliza mediante un negocio jurídico ya que así se desprendía de lo dispuesto explícitamente en la Exposición de Motivos de la Ley 21/87 cuando afirma que "aunque el acogimiento se formaliza en el plano administrativo, no deja de estar sometido, ya desde su iniciación, a la vigilancia del Ministerio Fiscal y al necesario control judicial".

Conforme la art. 20 de la Ley orgánica 1/1996, el acogimiento familiar se formalizará por resolución de la Entidad Pública que tenga la tutela o la guarda, previa valoración de la adecuación de la familia para el acogimiento. En esta valoración se tendrán en cuenta entre otras circunstancias: su situación familiar y aptitud educadora, su capacidad para atender adecuadamente las necesidades del menor o menores de que se trate, así como la disposición a facilitar el cumplimiento de los objetivos del plan individual de atención y, si lo hubiera, del programa de reintegración familiar, propiciando la relación del menor con su familia de procedencia.

El documento de formalización del acogimiento familiar y el documento anexo se remitirán al Ministerio Fiscal en el plazo máximo de un mes; el citado documento deberá contener los siguientes extremos (art 20.3º Ley orgánica 1/1996):

a) La identidad del acogedor o acogedores y del acogido.

b) Los consentimientos y audiencias necesarias.

c) La modalidad del acogimiento, duración prevista, así como su carácter de acogimiento en familia extensa o en familia ajena.

d) Los derechos y deberes de cada una de las partes, y en particular: el régimen de visitas, estancia, relación o comunicación, en los supuestos de declaración de desamparo, por parte de la familia de origen; el sistema de cobertura por parte de la Entidad Pública de los daños que sufra el menor o de los que pueda causar a terceros; y la asunción por parte de los acogedores de los gastos de manutención, educación y atención socio-sanitaria.

   Obsérvese a estos efectos que en el art. 20 bis de la Ley orgánica 1/1996, por vez primera, se regula el estatuto del acogedor familiar como conjunto de derechos y deberes. La trascendente función desempeñada por las familias de acogida hacía necesaria una disposición general que perfilara su estatus; igualmente, se ha incluido un art. 21 bis en el citado texto legal reconociendo los derechos de los menores acogidos.

e) El contenido del seguimiento que vaya a realizar la Entidad Pública y el compromiso de colaboración con dicho seguimiento por parte de la familia acogedora.

f) En el caso de menores con discapacidad, los recursos de apoyo que precisa.

g) La compensación económica, apoyos técnicos y otro tipo de ayudas que, en su caso, vayan a recibir los acogedores.

h) El plazo en el cual la medida vaya a ser revisada.

Así, pues, en relación con la intervención judicial en el seguimiento del acogimiento, dispone el art. 174.2º Cc que el Ministerio Fiscal habrá de comprobar, al menos semestralmente, la situación del menor y promoverá ante la Entidad Pública o el Juez, según proceda, las medidas de protección que estime necesarias.

1.4.3. Clases de acogimiento

Conforme expresa el art.173 bis 2 Cc el acogimiento familiar podrá adoptar las siguientes modalidades atendiendo a su duración y objetivos:

a) Acogimiento familiar de urgencia, principalmente para menores de seis años, que tendrá una duración no superior a seis meses, en tanto se decide la medida de protección familiar que corresponda.

b) Acogimiento familiar temporal, que tendrá carácter transitorio, bien porque de la situación del menor se prevea la reintegración de éste en su propia familia, o bien en tanto se adopte una medida de protección que revista un carácter más estable (acogimiento familiar permanente o adopción). Este acogimiento tendrá una duración máxima de dos años, salvo que el interés superior del menor aconseje la prórroga de la medida por la previsible e inmediata reintegración familiar.

c) Acogimiento familiar permanente, que se constituirá bien al finalizar el plazo de dos años de acogimiento temporal por no ser posible la reintegración familiar, o bien directamente en casos de menores con necesidades especiales o cuando las circunstancias del menor y su familia así lo aconsejen. La Entidad Pública podrá solicitar del Juez que atribuya a los acogedores permanentes aquellas facultades de la tutela que faciliten el desempeño de sus responsabilidades, atendiendo, en todo caso, al interés superior del menor.

Por otra parte, y de acuerdo con el art. 176 bis Cc, la guarda, por delegación de la Entidad Pública, puede adoptar la naturaleza de una acogimiento familiar con fines adoptivos.

En este sentido, la Entidad Pública, con anterioridad a la presentación de la propuesta de adopción, delegará la guarda con fines de adopción hasta que se dicte resolución judicial de adopción, mediante resolución administrativa debidamente motivada, previa audiencia de los afectados y del menor si tuviere suficiente madurez y, en todo caso, si fuere mayor de doce años, y se notificará a los progenitores o tutores no privados de la patria potestad o tutela.

1.4.4. Extinción del acogimiento

El acogimiento del menor cesará, a tenor del artículo 173.4º del Cc:

a) Por resolución judicial.

b) Por resolución de la Entidad Pública, de oficio o a propuesta del Ministerio Fiscal, de los progenitores, tutores, acogedores o del propio menor si tuviera suficiente madurez, cuando se considere necesario para salvaguardar el interés del mismo, oídos los acogedores, el menor, sus progenitores o tutor.

c) Por la muerte o declaración de fallecimiento del acogedor o acogedores del menor.

d) Por la mayoría de edad del menor.

Asimismo, se establece en el artículo 173.3º Cc que si surgieren problemas graves de convivencia entre el menor y la persona o personas a quien hubiere sido confiado la guarda en acogimiento familiar, aquél, el acogedor, el Ministerio Fiscal, los progenitores o tutor que no estuvieran privados de la patria potestad o de la tutela o cualquier persona interesada podrán solicitar a la Entidad Pública la remoción de la guarda.

Así también provocará la extinción del acogimiento el transcurso del plazo establecido para el acogimiento temporal.

Todas las actuaciones de formalización y cesación del acogimiento se practicarán con la obligación de reserva (cfr. art. 173.5° del Cc).

2. LA ADOPCIÓN

2.1. Antecedentes legislativos de la adopción

2.1.1. Las novedades de la Ley 21/1987, de 11 de noviembre

a) La adopción única. Eliminación de la adopción simple

Destaca especialmente en la regulación a partir de 1987 la supresión de las dos formas de adopción –plena y simple–, de forma que acogiendo el legislador el criterio originario del Código Civil, sólo se reconoce una forma de adoptar, equiparable a la adopción plena.

b) La supresión del otorgamiento de escritura. El carácter judicial de la adopción

A través de las disposiciones de la Ley 21/87 se puede advertir la intención del legislador de conceder un carácter exclusivamente judicial a la adopción. La adopción se constituye y perfecciona mediante el auto judicial definitivo que pone fin al expediente judicial de adopción, por tanto, la resolución judicial constituye la adopción (art. 176.1° del Cc). Para declarar la adopción es suficiente un expediente de jurisdicción voluntaria, por el cual el Estado presta su conformidad y concede validez a aquélla, y así se reciben en la fase judicial las declaraciones de voluntad de los interesados, valorando en todo caso la conveniencia de la adopción para el adoptado.

c) La intervención de las entidades públicas

En la tramitación de la adopción adquieren a partir de la citada Ley especial relevancia las entidades públicas, no se olvide que hasta entonces carecían de control las actuaciones previas a la constitución de la adopción. Así, las entidades públicas se encargan de orientar todas las actividades de protección, defensa y custodia de los menores. Igualmente se entiende que serán los sujetos aptos para proceder a la selección de las personas convenientes para la adopción. Tales funciones de protección, en relación a las entidades públicas, fueron asumidas por las respectivas Comunidades Autónomas (Disposición Adicional 1ª de la Ley 21/87).

Se permite, asimismo, que las funciones atribuidas a las entidades públicas puedan ser ejercidas por las entidades privadas expresamente habilitadas para ello. Las concesiones corresponderán a las Comunidades Autónomas, y deberán recaer en asociaciones o fundaciones no lucrativas, que dispongan de los medios adecuados y cuyos fines sean la protección y tutela de menores. Sin embargo, no toda actuación relacionada con los menores puede delegarse en estas entidades privadas, únicamente podrán serles atribuidas funciones de guarda y mediación.

En resumen, la reforma que introdujo la Ley orgánica 21/1987, de 11 de noviembre fundaba la regulación de la adopción en dos principios: primero, la consideración de la adopción como instrumento de integración familiar; y segundo, la valoración del superior interés del adoptado en la constitución de la adopción.

2.1.2. El nuevo régimen de la adopción en la Ley Orgánica 1/1996, de 15 de enero

De igual forma que veíamos en la Ley 21/1987, en la reforma de 1996 aparece presente nuevamente el interés superior del menor sobre cualquier otro que pueda concurrir (art. 2 de la Ley orgánica 1/1996 de 15 de enero); de ahí que se sorprendiera la doctrina –GARCIA MAS, entre otros– del carácter absoluto con que el legislador enunciaba este principio, ya que lo eleva frente a cualquier otro interés legítimo.

Así, entre las modificaciones más interesantes debe destacarse la relativa al requisito de idoneidad del adoptante o adoptantes para el ejercicio de la patria potestad (art. 176 del Cc).

2.1.3. El nuevo régimen de la adopción internacional en la Ley 54/2007, de 28 de diciembre

Expresa el propio Preámbulo de la Ley 54/2007 que en ella se conjugan "los principios y valores de nuestra Constitución con las disposiciones de los instrumentos internacionales en materia de adopción que son parte de nuestro ordenamiento jurídico. En especial, ... los principios contenidos en el Convenio de Naciones Unidas sobre los derechos del niño, de 20 de noviembre de 1989, en la Declaración de Naciones Unidas sobre los principios sociales y jurídicos aplicables a la protección y al bienestar de los niños, considerados sobre todo desde el ángulo de las prácticas en materia de adopción y de colocación familiar en los planos nacional e internacional, en el Convenio relativo a la protección del niño y a la cooperación en materia de adopción internacional, hecho en La Haya el 29 de mayo de 1993, ratificado por España mediante instrumento de 30 de junio de 1995".

Asimismo, se concibe la adopción internacional en la Ley 54/2007 como una forma de protección de los menores que no pueden encontrar una familia en sus países de origen, estableciendo las garantías necesarias y adecuadas para asegurar que las adopciones internacionales se realicen, en interés superior del niño, y con respeto a sus derechos.

2.1.4. El nuevo régimen de la adopción en la Ley 26/2015, de 28 de julio, de modificación del sistema de protección a la infancia y a la adolescencia

Acertadamente la Ley 26/2015 concreta el concepto jurídico indeterminado "interés superior del menor" incorporando, tanto la jurisprudencia del Tribunal Supremo, como los criterios de la Observación general n.º 14, de 29 de mayo de 2013, del Comité de Naciones Unidas de Derechos del Niño, sobre el derecho del niño a que su interés superior sea una consideración primordial. En relación con la actuación de la Entidad Pública en el procedimiento judicial de adopción, se producen dos importantes novedades.

Asimismo, exige que la declaración de idoneidad de los adoptantes sea necesariamente previa a la propuesta de adopción que la Entidad Pública formula al Juez, cuestión que no estaba claramente establecida; y, también se modifican los supuestos en los que no es preceptiva la propuesta previa de la Entidad Pública de protección de menores para iniciar el expediente judicial de adopción.

Por otra parte, se introduce un artículo 176 bis Cc que regula «ex novo» la guarda con fines de adopción, que permite, con anterioridad a que la Entidad Pública formule la correspondiente propuesta al Juez para la constitución de la adopción, el inicio de la convivencia provisional entre el menor y las personas consideradas idóneas para tal adopción hasta que se dicte la oportuna resolución judicial.

En relación con el procedimiento de adopción, se reconoce el derecho de asentir a la adopción, a la persona que esté unida por análoga relación de afectividad a la conyugal. Por otra parte, con el fin de dar coherencia al sistema, se señala que, sin perjuicio del derecho a ser oídos, no será necesario el asentimiento de los progenitores para la adopción cuando hubieran transcurrido dos años sin ejercitar acciones de revocación de la situación de desamparo o cuando habiéndose ejercitado, éstas hubieran sido desestimadas. Igualmente el asentimiento de la madre no podrá prestarse hasta que hayan transcurrido 6 semanas desde el parto, en lugar de los 30 días hasta ahora vigentes.

En el art. 178 Cc se incluye, como importante novedad, la posibilidad de mantener el vínculo por parte del adoptado con algún miembro de su familia de origen mediante alguna forma de relación o contacto a través de visitas o de comunicaciones, lo que podría denominarse "adopción abierta". En este mismo sentido, el art. 180 Cc refuerza el derecho de acceso a los orígenes de las personas adoptadas, obligando a las Entidades Públicas a garantizarlo y mantener la información durante el plazo previsto en el Convenio Europeo de Adopción, y al resto de entidades a colaborar con las primeras y con el Ministerio Fiscal.

2.2. De la capacidad para adoptar

Prevé el art. 175 Cc que la necesidad de que el adoptante sea mayor de veinticinco años. Si son dos los adoptantes bastará con que uno de ellos haya alcanzado dicha edad.

En todo caso, la diferencia de edad entre adoptante y adoptando será de, al menos, dieciséis años y no podrá ser superior a cuarenta y cinco años, salvo en los casos previstos en el artículo 176.2 Cc. Ahora bien, si los futuros adoptantes están en disposición de adoptar grupos de hermanos o menores con necesidades especiales, la diferencia máxima de edad podrá ser superior. Así pues, todo adoptante deberá cumplir este requisito, y cuando la adopción se realice por los cónyuges o pareja de hecho, ambos deberán cumplir este requisito. No obstante, dicha exigencia legal no será aplicable cuando el adoptado sea el hijo del cónyuge o de la persona unida al adoptante por análoga relación de afectividad a la conyugal.

Por otro lado, pueden ser adoptantes no sólo las personas vivas, en efecto, el art. 176.3° Cc permite constituir la adopción, aunque el adoptante haya fallecido, siempre y cuando aquél hubiere prestado ya ante el Juez su consentimiento, o el mismo hubiera sido otorgado mediante documento público o en testamento. En consecuencia, será posible la adopción por persona fallecida cuando cumplidas las anteriores exigencias legales, el adoptado:

a) Sea huérfano y pariente del adoptante en tercer grado por consanguinidad o afinidad.

b) Sea hijo del cónyuge o de la persona unida al adoptante por análoga relación de afectividad a la conyugal.

c) Lleve más de un año en guarda con fines de adopción o haber estado bajo tutela del adoptante por el mismo tiempo.

En este caso, los efectos de la resolución judicial en este caso se retrotraerán a la fecha de prestación de tal consentimiento.

Por último, no pueden ser adoptantes los que no puedan ser tutores de acuerdo con lo previsto en el Código civil; por lo que las causas de inhabilidad de la tutela resultarán de aplicación para valorar la capacidad o idoneidad de los adoptantes.

2.3. Quiénes pueden ser adoptados

Como norma general, habida cuenta de la consideración legal de la adopción como medio de integración familiar, únicamente pueden ser adoptados los menores no emancipados, si bien, excepcionalmente, será posible la adopción de un mayor de edad o de un menor emancipado cuando, inmediatamente antes de la emancipación, hubiere existido una situación de acogimiento con los futuros adoptantes o de convivencia estable con ellos de, al menos, un año (art. 175.2º Cc).

Respecto a la adopción de los mayores de edad y de los menores emancipados, la actual regulación lo configura como un régimen especial, o excepcional, en atención a los requisitos de su constitución. Así, la adopción de mayores de edad sólo será posible entre personas que previamente han mantenido las relaciones legalmente establecidas, como acogedores o como convivientes, porque a juicio de la jurisprudencia "sólo así la ley presume verdaderos lazos familiares" (AAP Madrid de 4 de mayo de 1998).

Ahora bien, pese a cumplirse en la persona del futuro adoptado las condiciones anteriormente citadas no podrá adoptarse:

1.º A un descendiente.

2.º A un pariente en segundo grado de la línea colateral por consanguinidad o afinidad.

3.º A un pupilo por su tutor hasta que haya sido aprobada definitivamente la cuenta general justificada de la tutela.

Dispone el art. 176. 4º Cc que "nadie podrá ser adoptado por más de una persona, salvo que la adopción se realice conjunta o sucesivamente por ambos cónyuges o por una pareja unida por análoga relación de afectividad a la conyugal".

No obstante, el matrimonio celebrado con posterioridad a la adopción permitirá al cónyuge la adopción de los hijos de su consorte. Esta previsión será también de aplicación a las parejas que se constituyan con posterioridad. En caso de muerte del adoptante, o cuando el adoptante sufra la exclusión prevista en el artículo 179, será posible una nueva adopción del adoptado.

Como novedad, prevé el legislador la posibilidad de que en caso de que el adoptando se encontrara en acogimiento permanente o guarda con fines de adopción de dos cónyuges o de una pareja unida por análoga relación de afectividad a la conyugal, la separación o divorcio legal o ruptura de la relación de los mismos que conste fehacientemente con anterioridad a la propuesta de adopción no impedirá que pueda promoverse la adopción conjunta siempre y cuando se acredite la convivencia efectiva del adoptando con ambos cónyuges o con la pareja unida por análoga relación de naturaleza análoga a la conyugal durante al menos dos años anteriores a la propuesta de adopción. Cierto que si bien nada expresa el legislador, ha de interpretarse que dicha medida quedará condicionada a la aplicación del principio del interés superior del adoptando.

2.4. El expediente de adopción

La adopción se constituirá por resolución judicial, que tendrá en cuenta siempre el interés del adoptando y la idoneidad del adoptante o adoptantes para el ejercicio de la patria potestad (art. 176 Cc).

Para iniciar el expediente de adopción será necesaria la propuesta previa de la Entidad Pública a favor del adoptante o adoptantes que dicha Entidad Pública haya declarado idóneos para el ejercicio de la patria potestad (art. 33 y ss de la Ley 15/2015, de 2 de julio, de la Jurisdicción Voluntaria). La tramitación del expediente de adopción tendrá carácter preferente y se practicará con intervención del Ministerio Fiscal; si bien no será preceptiva la asistencia de Abogado ni Procurador.

Expresa la Ley 15/2015, de 2 julio en su art. 39.2º que todas las actuaciones se llevarán a cabo con la conveniente reserva, evitando en particular que la familia de origen tenga conocimiento de cuál sea la adoptiva, excepto en los supuestos recogidos en los apartados 2 y 4 del artículo 178 y sin perjuicio de lo establecido en el artículo 180 del Código Civil.

La declaración de idoneidad deberá ser previa a la propuesta. Excepcionalmente, no se requerirá tal propuesta cuando en el adoptando concurra alguna de las circunstancias siguientes:

1.ª Ser huérfano y pariente del adoptante en tercer grado por consanguinidad o afinidad.

2.ª Ser hijo del cónyuge o de la persona unida al adoptante por análoga relación de afectividad a la conyugal.

3.ª Llevar más de un año en guarda con fines de adopción o haber estado bajo tutela del adoptante por el mismo tiempo.

4.ª Ser mayor de edad o menor emancipado.

La declaración de idoneidad por la Entidad Pública requerirá una valoración psicosocial sobre la situación personal, familiar, relacional y social de los adoptantes, así como su capacidad para establecer vínculos estables y seguros, sus habilidades educativas y su aptitud para atender a un menor en función de sus singulares circunstancias. Dicha declaración de idoneidad se formalizará mediante la correspondiente resolución. En la declaración de idoneidad deberá hacerse constar si las personas que se ofrecen a la adopción aceptarían adoptar a un menor que fuese a mantener la relación con la familia de origen (art. 178 Cc).

No podrán ser declarados idóneos para la adopción quienes se encuentren privados de la patria potestad o tengan suspendido su ejercicio, ni quienes tengan confiada la guarda de su hijo a la Entidad Pública.

Y así, en la propuesta de adopción formulada por la Entidad Pública se expresarán especialmente:

a) Las condiciones personales, familiares y sociales; los medios de vida del adoptante o adoptantes asignados y sus relaciones con el adoptando, con detalle de las razones que justifiquen la elección.

b) Cuando hayan de prestar su asentimiento o ser oídos, el último domicilio conocido del cónyuge del adoptante o de la persona a la que esté unida por análoga relación de afectividad a la conyugal, o el de los progenitores, tutor, familia acogedora o guardadores del adoptando.

c) Si unos y otros han formulado su asentimiento ante la Entidad Pública o en documento público.

En los supuestos en que no se requiera propuesta previa de la Entidad Pública, el ofrecimiento para la adopción del adoptante se presentará por escrito, en que expresará las indicaciones contenidas en los apartados anteriores en cuanto fueren aplicables, y las alegaciones y pruebas conducentes a demostrar que en el adoptando concurre alguna de las circunstancias exigidas por dicha legislación (art. 176 Cc).

En dicho expediente, el Secretario judicial citará, para manifestar su consentimiento en presencia del Juez, al adoptante o adoptantes y al adoptando si fuere mayor de 12 años según se establece en el artículo 177.1 del Cc. El consentimiento debe entenderse como una auténtica declaración de voluntad, expresa, consciente voluntaria, libre y determinada en cuanto al objeto, esto es, se consiente en adoptar a una determinada persona o en ser adoptado por una determinada persona. La necesidad del consentimiento de ciertas personas tiene carácter preceptivo para la constitución de la adopción, ya que su omisión significaría la nulidad del expediente de adopción (SAP Córdoba de 17 de abril de 2007).

Deberán asentir la adopción por comparecencia ante el Juez:

1.º El cónyuge o persona unida al adoptante por análoga relación de afectividad a la conyugal salvo que medie separación o divorcio legal o ruptura de la pareja que conste fehacientemente, excepto en los supuestos en los que la adopción se vaya a formalizar de forma conjunta.

2.º Los progenitores del adoptando que no se hallare emancipado, a menos que estuvieran privados de la patria potestad por sentencia firme o incursos en causa legal para tal privación. Esta situación solo podrá apreciarse en el procedimiento judicial contradictorio que se tramitará conforme a la Ley de Enjuiciamiento Civil.

No será necesario el asentimiento cuando quienes deban prestarlo se encuentren imposibilitados para ello, imposibilidad que se apreciará motivadamente en la resolución judicial que constituya la adopción. Tampoco será necesario el asentimiento de los progenitores que tuvieren suspendida la patria potestad cuando hubieran transcurrido dos años desde la notificación de la declaración de situación de desamparo, sin oposición a la misma o cuando, interpuesta en plazo, hubiera sido desestimada.

En las adopciones que exijan propuesta previa no se admitirá que el asentimiento de los progenitores se refiera a adoptantes determinados.

No serán citados aquellos que, siendo necesario su asentimiento, lo hubieran prestado con anterioridad a la iniciación del expediente ante la correspondiente Entidad Pública o en documento público, salvo que hubieran transcurrido más de seis meses desde que lo hicieron (art. 37.1º 15/2015, de 2 de julio, de la Jurisdicción Voluntaria).

El asentimiento del cónyuge o pareja de hecho del adoptante responde en esencia a diversos fundamentos, entre otros, pueden destacarse: la especial trascendencia que en los intereses familiares alcanza la adopción, tanto en el ámbito personal como patrimonial; así como, la propia función de la adopción como instrumento de integración del menor en el entorno del adoptante.

A este respecto, señala el art. 37.2º Ley 15/2015, de 2 de julio, de la Jurisdicción Voluntaria que si los progenitores pretendieran que se les reconozca la necesidad de prestar su asentimiento a la adopción, deberán ponerlo de manifiesto en el expediente. El Secretario judicial acordará la suspensión del expediente y otorgará el plazo de 15 días para la presentación de la demanda, de la que conocerá el mismo Tribunal. Presentada la demanda dentro de plazo, el Secretario judicial dictará decreto declarando contencioso el expediente de adopción y acordará seguir su tramitación conforme a lo dispuesto en el art. 781 LEC.

Si no se presentara la demanda en el plazo fijado, el Secretario judicial dictará decreto dando por finalizado el trámite y alzando la suspensión del expediente de adopción. El decreto será recurrible directamente en revisión ante el Tribunal. Firme dicha resolución, no se admitirá ninguna reclamación posterior de los mismos sujetos sobre necesidad de asentimiento para la adopción de que se trate.

Por otra parte, deberán ser oídos por el Juez:

1°. Los progenitores que no hayan sido privados de la patria potestad, cuando su asentimiento no sea necesario para la adopción (STC de 26 de septiembre de 1990).

2°. El tutor y, en su caso, la familia acogedora, y el guardador o guardadores.

3°. El adoptando menor de doce años, de acuerdo con su edad y madurez.

Los consentimientos y asentimientos deberán otorgarse libremente, en la forma legal requerida y por escrito, previa información de sus consecuencias.

Conforme expresa el art. 38 de la Ley 15/2015, de 2 de julio, de la Jurisdicción Voluntaria, cuando no haya podido conocerse el domicilio o paradero de alguna persona que deba ser citada, o si citada debidamente, con los apercibimientos oportunos, no compareciese, se prescindirá del trámite y la adopción acordada será válida, sin perjuicio, en su caso, del derecho que a los progenitores concede el artículo 180.2° del Cc.

Como ya se ha apuntado con anterioridad, el trámite de la audiencia ante el Juez no tiene carácter vinculante para éste, se trata de facilitar al Juez elementos de valoración, e ilustrarle y ayudarle en la adopción de la decisión (STC de 16 de junio de 1997); ello no obstante, considera el Tribunal Constitucional que, "... resulta especialmente necesaria la comparecencia de los padres biológicos del menor adoptado, lo que obliga a rodear de las mayores garantías y del más escrupuloso celo los actos judiciales de comunicación con éstos últimos que se practiquen en tales procedimientos" (STC 26 de septiembre de 1990).

Significar, asimismo, que las consecuencias jurídicas de la omisión del trámite de audiencia no resultan tan irrelevantes como pudiera parecer. En efecto, cualquiera de los progenitores que, sin culpa suya, no hubiere intervenido en el expediente en los términos expresados en el art. 177, podrá solicitar la extinción de la adopción (art. 180 Cc). Será necesario que la demanda se interponga en los dos años siguientes a la adopción y que la extinción solicitada no perjudique gravemente al menor.

Propuesta la adopción y consentida, asentida y oídas las personas establecidas en la Ley, se constituye la adopción por resolución judicial, que deberá tener siempre en cuenta el interés del adoptando y la idoneidad del adoptante o adoptantes para el ejercicio de la patria potestad. Así pues, la resolución determina y establece el vínculo adoptivo cuando el Juez lo estime conveniente para el adoptando. Contra el auto que resuelva el expediente cabe recurso de apelación, que tendrá carácter preferente, sin que produzca efectos suspensivos. Si se suscitare oposición, el expediente se hará contencioso y el Secretario judicial citará a los interesados a una vista, continuando la tramitación con arreglo a lo previsto para el juicio verbal.

Finalmente, el testimonio de la resolución firme en que se acuerde la adopción se remitirá al Registro Civil correspondiente, para que se practique su inscripción.

Durante la sustanciación del procedimiento, el Juez adoptará, incluso de oficio, y previa audiencia del Ministerio Fiscal, las medidas de protección oportunas sobre la persona y bienes del adoptado menor o persona con capacidad modificada judicialmente (art. 40 Ley 15/2015, de 2 julio).

2.5. Los efectos de la adopción

El primer efecto que con carácter general se produce con la adopción es la integración del adoptado en la familia adoptiva y su exclusión de la familia anterior, con todas las consecuencias que dicha realidad implica. Por todo ello, pierde el adoptado respecto a su anterior familia, y ésta respecto a él, cualesquiera derechos que pudieran corresponderles; así, por ejemplo: derechos y deberes de alimentos, derechos hereditarios, los correspondientes a la patria potestad. En efecto, expresa el art. 178 Cc que "la adopción produce la extinción de los vínculos jurídicos entre el adoptado y su familia de origen". No obstante, subsistirán los vínculos jurídicos con la familia del progenitor:

a) Cuando el adoptado sea hijo del cónyuge o de la persona unida al adoptante por análoga relación de afectividad a la conyugal, aunque el consorte o la pareja hubiera fallecido.

b) Cuando sólo uno de los progenitores haya sido legalmente determinado, siempre que tal efecto hubiera sido solicitado por el adoptante, el adoptado mayor de doce años y el progenitor cuyo vínculo haya de persistir.

Lo establecido en los apartados anteriores se entiende sin perjuicio de lo dispuesto sobre impedimentos matrimoniales.

La adopción –tal y como establece el art. 178.1° Cc– extingue los vínculos jurídicos entre el adoptado y su familia anterior. Ahora bien, cuando el interés del menor así lo aconseje, en razón de su situación familiar, edad o cualquier otra circunstancia significativa valorada por la Entidad Pública, podrá acordarse el mantenimiento de alguna forma de relación o contacto a través de visitas o comunicaciones entre el menor, los miembros de la familia de origen que se considere y la adoptiva, favoreciéndose especialmente, cuando ello sea posible, la relación entre los hermanos biológicos (art. 178.4° Cc). En estos casos el Juez, al constituir la adopción, podrá acordar el mantenimiento de dicha relación, determinando su periodicidad, duración y condiciones, a propuesta de la Entidad Pública o del Ministerio Fiscal y con el consentimiento de la familia adoptiva y del adoptando si tuviera suficiente madurez y siempre si fuere mayor de doce años. En todo caso, será oído el adoptando menor de doce años de acuerdo a su edad y madurez.

Si fuere necesario, dicha relación se llevará a cabo con la intermediación de la Entidad Pública o entidades acreditadas a tal fin. El Juez podrá acordar, también, su modificación o finalización en atención al interés superior del menor. La Entidad Pública remitirá al Juez informes periódicos sobre el desarrollo de las visitas y comunicaciones, así como propuestas de mantenimiento o modificación de las mismas durante los dos primeros años, y, transcurridos éstos, a petición del Juez. Podrán solicitar la suspensión o supresión de dichas visitas o comunicaciones la Entidad Pública, la familia adoptiva, la familia de origen y el menor si tuviere suficiente madurez y, en todo caso, si fuere mayor de doce años.

Como novedad introducida por la Ley 26/2015, de 28 de julio se obliga a las Entidades Públicas a asegurar la conservación de la información de que dispongan relativa a los orígenes del menor, en particular la información respecto a la identidad de sus progenitores, así como la historia médica del menor y de su familia, y se conservarán durante al menos cincuenta años con posterioridad al momento en que la adopción se haya hecho definitiva (art. 180.5 Cc). La conservación se llevará a cabo a los solos efectos de que la persona adoptada pueda ejercitar el derecho conocer los datos sobre sus orígenes biológicos.

Y así, las personas adoptadas, alcanzada la mayoría de edad o durante su minoría de edad a través de sus representantes legales, tendrán derecho a conocer los datos sobre sus orígenes biológicos. A estos efectos, cualquier entidad privada o pública tendrá obligación de facilitar a las Entidades Públicas y al Ministerio Fiscal, cuando les sean requeridos, los informes y antecedentes necesarios sobre el menor y su familia de origen.

2.6. Cesación de ciertos efectos de la adopción

Una vez constituida la adopción ésta es irrevocable, por lo que, tal y como hemos significado, la filiación creada se mantiene inalterada, aun después de conocida una filiación por naturaleza que corresponda al adoptado y que se encontraba sin determinar (art. 180.4° del Cc). Así, la doctrina se muestra unánime al considerar que el fundamento principal de la irrevocabilidad se encuentra en la necesidad de dotar de estabilidad a las relaciones familiares que nacen de la adopción.

La validez de la adopción no se encuentra ni siquiera alterada por el hecho de que el adoptante incurra en una de las causas de pérdida de la patria potestad. Ahora bien, establece el artículo 179.1 del Cc que el Juez, a petición del Ministerio Fiscal, del adoptado o de su representante legal, acordará que el adoptante que hubiere incurrido en causa de privación de la patria potestad, quede excluido de las funciones tuitivas y de los derechos que por Ley le correspondan respecto del adoptado o sus descendientes, o en sus herencias. Por tanto, la adopción subsiste, pero el adoptante pierde el ejercicio de las funciones tuitivas respecto del hijo, así como los derechos que por ley puedan corresponderle respecto del adoptado o de sus descendientes.

Alcanzada por el adoptado la plena capacidad dicha exclusión únicamente podrá ser solicitada por éste dentro de los dos años siguientes después de haber alcanzado la plena capacidad (art. 179. 2º Cc). Asimismo, dejarán de producir efectos estas restricciones por determinación del propio hijo –no establece un plazo el legislador para el ejercicio de esta facultad– una vez alcanzada la plena capacidad, en consecuencia, la exclusión puede desaparecer.

Pero, también puede alcanzarse la extinción de la adopción mediante la exclusión; así sucederá cuando se adopte por otra persona al adoptado, ya que ello será posible en el caso de fallecimiento del adoptante y en el caso de exclusión del adoptante, tal y como se dispone en el artículo 175.4° del Cc. En este supuesto los efectos de la exclusión conllevarán no sólo la pérdida de las funciones tuitivas por el adoptante, sino en último extremo significarán la extinción de la adopción.

En resumen, la exclusión representa la privación al adoptante de toda función tuitiva y de todo derecho que le corresponda por la adopción frente al adoptado y sus descendientes. Por el contrario, en lo que se refiere al adoptado y sus descendientes, no se produce la exclusión de ninguno de los derechos que hayan alcanzado mediante la adopción, tanto frente al adoptante como frente a los familiares de éste. La exclusión no conlleva para los familiares del adoptante la pérdida de derechos frente al adoptado y su descendencia, puesto que el parentesco se mantiene tras la exclusión que, sólo afecta al adoptante, y que además ni restituye al adoptado a la familia anterior ni le aparta de su familia adoptiva.

2.7. La extinción de la adopción

Además de decretar la exclusión de la adopción, el Juez podrá acordar la extinción de la misma, si bien no procederá por fallecimiento del adoptante, ni por el del adoptado, que dejan subsistente el vínculo adoptivo, de igual forma que el fallecimiento del padre o madre por naturaleza deja subsistente el vínculo con el hijo.

Según se establece en el artículo 180.2 del Cc, el Juez acordará la extinción de la adopción a petición de cualquiera de los progenitores que, sin culpa suya, no hubieren intervenido en el expediente en los términos expresados en el artículo 177 Cc. Será necesario que la demanda se interponga dentro de los dos años siguientes a la adopción y que la extinción solicitada no perjudique gravemente al menor.

Si el adoptado fuere mayor de edad, la extinción de la adopción requerirá su consentimiento expreso.

Por tanto, tendrán legitimación activa no sólo los progenitores que debiendo concurrir, no acudieron a prestar el asentimiento, sino también los no privados de patria potestad, cuando no siendo preciso su asentimiento, tampoco han sido oídos.

Por otra parte, se extingue igualmente la adopción por una nueva adopción, que romperá los vínculos que la primera adopción había instaurado con la familia del adoptante, e integrará al adoptado en la familia adoptiva. Ahora bien, una nueva adopción solo será posible cuando, una vez cumplidos los trámites que la adopción exige y teniendo presente el interés del adoptando, el adoptante ha fallecido, o ha sido declarado fallecido. Es la constitución de una nueva adopción lo que produce la extinción de la anterior, de suerte que el fallecimiento del adoptante no extingue la adopción, sino que representa una causa por la que se permite la constitución de una nueva adopción.

Al desaparecer el vínculo adoptivo y consumarse la extinción de la adopción, cesa desde ese momento todo derecho y relación entre el adoptado y la familia adoptiva, pero se mantienen los derechos adquiridos como consecuencia de pactos realizados o hechos acontecidos bajo el amparo de la adopción constituida. Así, si el adoptado heredó al adoptante no perderá lo adquirido, y como expresa el artículo 180.3, la "extinción de la adopción no es causa de pérdida de la nacionalidad ni de la vecindad civil adquiridas, ni alcanza a los efectos patrimoniales anteriormente producidos".

2.8. La adopción internacional

Como reconoce la Ley 54/2007, de 28 de diciembre de adopción internacional, las circunstancias económicas y demográficas de determinados países, unido al descenso de la natalidad en España han originado en los últimos años que el número de menores extranjeros adoptados por españoles o residentes en España se haya incrementado significativamente.

Por ello, este incremento ha significado para el legislador un desafío jurídico para muestro legislador que debe proporcionar los instrumentos legales precisos para que la adopción tenga lugar en idénticas garantías y respetando los intereses de los menores a adoptar, Y todo ello, en el marco de una necesaria seguridad jurídica que contemple bajo el marco normativo único un conjunto de normas y cuestiones que deben quedar resultan en todo proceso de adopción internacional.

A los efectos de la Ley 54/2007, se entiende por adopción internacional "aquella en la que un menor considerado adoptable por la autoridad extranjera competente y con residencia habitual en el extranjero, es o va a ser desplazado a España por adoptantes con residencia habitual en España, bien después de su adopción en el Estado de origen, bien con la finalidad de constituir tal adopción en España" (art. 1.1° Ley 54/2007).

Para garantizar el cumplimiento de las normas internacionales, y asegurar la protección de los derechos de los menores, no se tramitarán solicitudes de adopción de menores nacionales de otro país (art. 4 Ley 54/2007):

a) Cuando el país en que el menor adoptando tenga su residencia habitual se encuentre en conflicto bélico o inmerso en un desastre natural.

b) Si no existe en el país una autoridad específica que controle y garantice la adopción y que remita a las autoridades españolas la propuesta de asignación con información sobre la adoptabilidad del menor y el resto de la información recogida en el párrafo e) del artículo 5.1.

c) Cuando en el país no se den las garantías adecuadas para la adopción y las prácticas y trámites de la misma no respeten el interés del menor o no cumplan los principios éticos y jurídicos internacionales referidos en el artículo 3.

En su caso, la Administración General del Estado, en colaboración con las Entidades Públicas, determinará en cada momento qué países están incursos en alguna de las circunstancias previstas en el apartado anterior a efectos de decidir si procede iniciar o suspender la tramitación de adopciones en ellos (art. 4.3º Ley 54/2007).

Regula la Ley la actividad de intermediación de la adopción internacional, estableciendo la posibilidad de que la misma se desarrolle bien directamente por las entidades públicas, o por organismos debidamente acreditados (art. 6).

En las adopciones internacionales nunca podrán producirse beneficios financieros distintos de aquellos que fueran precisos para cubrir los gastos necesarios de la intermediación y aprobados por la Administración General del Estado y por las Entidades Públicas (art. 6.6º).

Estas medidas de protección del adoptando y la necesidad de declaración de idoneidad del adoptante, efectuadas por las autoridades administrativas anteriormente citadas (art.10 Ley 54/2007), se han configurado al amparo de las normas establecidas en los textos convencionales sobre adopción internacional.

A los efectos de la Ley puede definirse la declaración de idoneidad como "documento público que emite la entidad pública competente que habilita a los futuros adoptantes para la adopción de uno o más menores con características específicas" (VERDERA IZQUIERDO).

A propósito de la validez de las adopciones constituidas por autoridad extranjera, a falta de Tratados y Convenios Internacionales, deberán cumplirse unos requisitos legales mínimos, a saber: que haya sido constituida por autoridad extranjera competente, y que la adopción no vulnere el orden público.

A estos efectos se considerará que vulneran el orden público español aquellas adopciones en cuya constitución no se ha respetado el interés superior del menor, en particular cuando se ha prescindido de los consentimientos y audiencias necesarios, o cuando se constate que no fueron informados y libres o se obtuvieron mediante pago o compensación (vide art. 26 Ley 54/2007).

Respecto a las adopciones constituidas ante autoridad extranjera, cuando se suscite la cuestión de su validez ante autoridad pública española competente, y en especial ante el Encargado del Registro Civil en el que se inste la inscripción de dicha adopción, se controlará incidentalmente la validez de dicha adopción con arreglo a las normas contenidas en el Convenio de La Haya, de 29 de mayo de 1993, relativo a la protección del niño y a la cooperación en materia de adopción internacional, a través de la presentación del certificado de conformidad con lo previsto en su artículo 23 y de que no se ha incurrido en la causa de no reconocimiento prevista en el artículo 24 de dicho Convenio (art. 27 Ley 54/2007).

Finalmente, cuando la adopción internacional se haya constituido en el extranjero y los adoptantes tengan su residencia habitual en España deberán solicitar la inscripción de nacimiento del menor y de adopción conforme a las normas contenidas en la Ley de Registro Civil para que la adopción se reconozca en España (art. 29 Ley 54/2007).

CAPÍTULO 7
DE LOS ALIMENTOS ENTRE PARIENTES

I. CONCEPTO Y FUNDAMENTO DE LA OBLIGACIÓN LEGAL DE ALIMENTOS ENTRE PARIENTES

En sentido general, la deuda alimenticia es aquella relación jurídica por la cual una persona se encuentra obligada a prestar a otra lo necesario para su subsistencia. Ahora bien, esta obligación puede nacer de un acto jurídico –sea un contrato o una disposición testamentaria–, de un hecho ilícito o de un precepto legal que la impone entre personas unidas por vínculo familiar o por otras razones (art. 648.3° del Cc).

Así las cosas, la deuda alimenticia entre parientes se encuentra regulada en el Título I Libro I del Código civil, si bien el artículo 153 previene que las normas de dicho título serán "aplicables a los demás casos en que por este Código, por testamento o por pacto se tenga derecho a alimentos, salvo lo pactado, lo ordenado por el testador, o lo dispuesto por la ley para el caso especial de que se trate". Llegados a este punto recela la doctrina sobre la posibilidad de aplicar las normas propias de la obligación de alimentos entre parientes a los demás supuestos de alimentos, habida cuenta de las diferencias en las características de las obligaciones.

Claro que siguiendo a GARCÍA CANTERO la polémica a propósito del fundamento de esta institución ha alcanzado una nueva dimensión con el reconocimiento de las prestaciones de la Seguridad Social. En este mismo sentido se ha expresado GITRAMA GONZÁLEZ, para quien esta cuestión presenta diversas interrogantes a solucionar, así: ¿Puede la Seguridad Social sustituir y será conveniente que así suceda, a la asistencia familiar? ¿Debe prevalecer la solidaridad social frente a la familiar? ¿Ha desplazado la Seguridad Social a la obligación legal de alimentos? A juicio del autor el sistema de Seguridad Social español en la actualidad no protege a la totalidad de personas, ni cubre todos los riesgos que puedan afectar al asegurado; además, en ocasiones, la falta de afiliación al régimen de seguros sociales y la falta de cotización, en otros casos, liberará al ente asegurador de hacer efectivas sus prestaciones (STS de 15 de octubre de 2015).

En definitiva, la solidaridad social influye, pero no excluye necesariamente la solidaridad familiar que consiste en el deber legal de prestar alimentos.

2. CONCEPTO DE ALIMENTOS Y CARACTERES DE LA OBLIGACIÓN LEGAL DE ALIMENTOS ENTRE PARIENTES (ART. 142 CC.)

Así, el concepto de alimentos, como medio a través del cual se realiza el principio de asistencia, responde a criterios objetivos, y comprende un conjunto de prestaciones no sólo ni exclusivamente encaminadas a satisfacer necesidades físicas, sino también a procurar sustento a cualesquiera necesidades de orden espiritual, imprescindibles para el desarrollo ético e intelectual de la persona. En efecto, la obligación legal de alimentos prevé un conjunto de prestaciones cuya finalidad no es únicamente la estricta supervivencia de la persona necesitada, sino que se pretende alcanzar una mejor inserción social.

Siguiendo en este punto a COBACHO GÓMEZ las prestaciones que comprende la obligación legal de alimentos serán:

a) Prestación de sustento; referida a la comida y el vestuario de uso ordinario.

b) Prestación de habitación; relativa al disfrute de un lugar de vivienda.

c) Prestaciones sanitarias; en relación a la curación de enfermedades, aunque éstas sean extraordinarias

d) Prestaciones de educación; relativas a la enseñanza y formación, en los términos que anteriormente se han indicado a tenor de las previsiones legales (art. 142.2° del Cc).

e) Finalmente, los gastos funerarios, según el artículo 1894.2 del Cc, deberán satisfacerse por quienes en vida tenían la obligación de alimentarle, aunque el difunto no haya dejado bienes, eso sí, deberán ser proporcionados a la calidad de la persona y a los usos de la localidad.

Se ha cuestionado también si las *litis expensas* deben considerarse una prestación a satisfacer dentro de la obligación de alimentos; la solución ha de ser negativa, ya que el artículo 142 del Cc fija con claridad el concepto de alimentos y las prestaciones que comprende, sin hacer mención en ningún caso a las *litis expensas.*

Por otra parte, ha determinado la jurisprudencia una clara diferencia entre los alimentos en sentido propio, y los auxilios necesarios para la subsistencia a que se refieren los últimos párrafos del art. 143 Cc; así, el Tribunal Supremo se ha referido a los primeros como "alimentos civiles o amplios" y a los segundos como "naturales o restringidos" (STS de 2 de diciembre de 1970).

En efecto, el Código civil ha establecido dos categorías diferentes de obligaciones para el alimentante, unas permanentes y generales, que se orientan a satisfacer necesidades físicas del alimentista; y otras accidentales y temporales, encaminadas a facilitar su desarrollo intelectual, siempre y cuando tuviera necesidad de ellas, bien entendido que estas obligaciones le serán exigibles no sólo durante la minoría de edad del alimentista, sino después, cuando no haya concluido su formación por causa que no le sea imputable (art. 142.2° del Cc).

Se trata, asimismo, de una obligación de cumplimiento recíproco, tal y como se proclama en el artículo 143 del Cc. Por otra parte, es natural que así sea, por cuanto que los presupuestos que la hacen surgir son el vínculo de parentesco y la situación de necesidad. Ahora bien, no ha de confundirse el carácter recíproco que se predica de esta obligación con la bilateralidad propia de las obligaciones patrimoniales, en cuanto sinalagmáticas o compensatorias.

Así, pues, no es la obligación legal de alimentos una obligación que deba compensarse; el artículo 151 del Cc prohibe la compensación del crédito alimenticio con las deudas que el obligado por la prestación tenga frente al alimentista. No puede ser de otro modo, por cuanto que admitir la compensación desvirtuaría la finalidad de la deuda alimenticia. Ello no impide, sin embargo, que el alimentista pueda exigir al alimentario el pago de lo que le adeuda, embargando a tal efecto, la parte de la pensión alimenticia que sea embargable de acuerdo a la ley (vide SSTS de 7 de julio de 1902 y de 27 de febrero de 1903). Ciertamente, la compensación significa la extinción de ambas deudas en la cantidad concurrente, y ello no será posible en la deuda alimenticia, porque el artículo 151 del Cc prohibe la extinción de la obligación de prestar alimentos; ahora bien, preservada ésta, nada impide que los acreedores –el alimentista entre ellos– puedan hacer efectivos los derechos en toda su extensión.

Se trata también de una obligación irrenunciable e intransmisible. Habida cuenta de que el derecho de alimentos se funda en la situación de necesidad del alimentado, no es posible admitir que éste se encuentre facultado para renunciar a los alimentos, ya que ello significaría impedir el fin mismo del derecho, que es el mantenimiento de la existencia del alimentado (STS de 10 de octubre de 2008). Tampoco pueden ser objeto de transmisión, porque sería admitir su renuncia, máxime si se considera que la obligación legal nace en atención a unas concretas circunstancias que concurren en la persona (situación de necesidad y vínculo de parentesco) y que la vinculan con los obligados legalmente a cumplir, de lo que se deduce la naturaleza personalísima e intransferible de este derecho.

Ahora bien, la intransmisibilidad e irrenunciabilidad hacen referencia a las pensiones actuales y futuras, pero no afectan a las pensiones atrasadas. En los alimentos atrasados no concurre el fundamento que ha inducido al legislador a prohibir la renuncia y la transmisión, esto es, la de ser los alimentos indispensables para atender con ellos a las necesidades ordinarias, que de otro modo no se asistirían. Luego satisfechas estas necesidades, en relación al pasado, se convierten en una deuda cualquiera a prestar alimentos, por lo que podrán compensarse, ser objeto de renuncia y transmisión.

Por otro lado, si el fundamento esencial en la prestación de alimentos entre parientes es el estado de necesidad, parece lógico entender que para obtener tal prestación no hay que realizar contraprestación alguna. Así, la prestación de alimentos se recibe de forma gratuita, es un acto de liberalidad impuesto legalmente. El obligado a prestar alimentos no puede repetir contra el favorecido por las prestaciones realizadas, aun cuando éste llegue a mejor fortuna; en consecuencia, de las prestaciones realizadas por obligación legal no surge un derecho de crédito.

Es también una obligación relativa y variable. En efecto, esta institución constituye, por un lado, una obligación indeterminada en el tiempo, dada la imposibilidad de establecer a priori tanto el inicio como la duración y, por otro lado, es una prestación de cuantía relativa. La obligación de alimentos se encuentra supeditada al estado de necesidad de la persona y a la posibilidad de satisfacer ésta por parte del obligado; así, cesa cuando se extingue la necesidad o no se tiene en su precisa capacidad económica y, asimismo, la prestación varía según las alteraciones de la necesidad y de la fortuna de ambas partes.

El derecho a percibir alimentos no prescribe nunca, aun cuando concurran todos los elementos para su ejercicio y el alimentario no lo ejercite. La vinculación de esta obligación con los derechos de la persona –en concreto, con el derecho a la vida– y su naturaleza de derecho-facultad justifican la imprescriptibilidad de este derecho. Prescriben, eso sí, las concretas pretensiones a pensiones de alimentos ya vencidas, por el transcurso de cinco años (art. 1966.1° del Cc). La reclamación por daños, como consecuencia de la omisión en la prestación de alimentos debidos se sujetará al plazo de prescripción de quince años, ya que se trata del incumplimiento de una deuda preexistente (art. 1964 del Cc).

Cuando sean varios los obligados a prestar alimentos a un mismo pariente necesitado, se plantea la cuestión sobre la solidaridad o mancomunidad de los obligados al pago. La obligación es mancomunada según se establece en el artículo 145 del Cc, y sólo en caso de urgente necesidad y por circunstancias especiales podrá el Juez obligar a uno solo a que preste alimentos de forma provisional, sin perjuicio de su derecho a reclamar a los demás obligados la parte que les corresponda. No se puede hablar, sin embargo, en puridad jurídica de deuda solidaria, por cuanto que el alimentista sólo puede dirigirse contra la persona designada por el Juez, y si hubiera solidaridad se podría actuar frente a quien quisiera.

3. PRESUPUESTOS LEGALES DE LA OBLIGACIÓN DE ALIMENTOS ENTRE PARIENTES

La existencia de la obligación legal de alimentos entre parientes requiere la concurrencia de tres presupuestos:

a) El vínculo de parentesco o estado de familia que tiene carácter recíproco.

b) El estado de necesidad del alimentista.

c) La posibilidad económica del obligado a prestarlos.

3.1. El vínculo de parentesco

De acuerdo con el artículo 143 del Cc están obligados a darse recíprocamente alimentos en toda la extensión que establece el artículo 142: en primer lugar, los cónyuges y, en segundo lugar, los ascendientes y descendientes.

3.1.1. La deuda alimenticia entre cónyuges

Por tanto, son los esposos los sujetos obligados preferentemente por la ley; en este caso, la obligación de alimentos no deriva de la consanguinidad, sino de una relación especialmente estrecha entre los cónyuges. Abundando en lo expresado, hay que significar que el vínculo subjetivo en este concreto supuesto nace a partir del acto voluntario de los esposos, y como consecuencia de un negocio jurídico –el matrimonio–. Por el contrario, el resto de obligados se deben alimentos como consecuencia de la constitución de un vínculo obligatorio que aparece en el mismo momento del nacimiento.

Ahora bien, durante el matrimonio los cónyuges tienen el deber de ayudarse y socorrerse mutuamente (art. 68 del Cc), y tras la separación o el divorcio, pueden llegar a alcanzar una pensión por desequilibrio económico (art. 97 del Cc), de carácter alimenticio. Sin embargo, mientras se encuentran casados y conviven juntos, los cónyuges no están sujetos por la obligación legal de alimentos, ya que surge entre ellos por el hecho del matrimonio una obligación de ayuda y socorro mutuo, con independencia de la situación de necesidad de cualquiera de ellos. No obstante, surgirá la obligación legal de alimentos entre los cónyuges –siempre que concurran los presupuestos objetivos para ello– cuando el matrimonio entre en una situación de crisis matrimonial, y hasta el momento en que el vínculo matrimonial se disuelva definitivamente.

Así, dicha prestación no tendrá lugar si el matrimonio deja de existir o se disuelve por divorcio, o cuando el matrimonio se considera que no ha existido nunca, tal como ocurre en los casos de nulidad. En nada obsta dicha afirmación, el hecho de que el artículo 90.1° del Cc establezca que "el convenio regulador a que se refieren los artículos 81 y 86 de este Código deberá referirse, al menos, a los siguientes extremos: C) La contribución a las cargas del matrimonio y alimentos, así como sus bases de actualización y garantías en su caso", ya que los alimentos a que se refiere este precepto se establecen en el convenio, y tienen su fuente en la voluntad de las partes. Ahora bien, los cónyuges están obligados a prestarse alimentos mientras subsista el vínculo conyugal y, por ello, durante el procedimiento de nulidad y divorcio.

Llegados a este punto conviene detenerse, si quiera de forma breve a introducir unas notas diferenciadoras de la pensión compensatoria en relación a la obligación legal de alimentos entre cónyuges. En principio, se trata de dos instituciones esencialmente diferentes en cuanto a su fundamento y presupuestos, ya que si la obligación legal de alimentos obedece a la necesidad de satisfacer exigencias vitales de uno de los cónyuges, por el contrario, el derecho a la pensión compensatoria no precisa de la necesidad de la persona a la que se presta, sino que pretende compensar el desequilibrio económico derivado de la ruptura matrimonial para cualquiera de los cónyuges, de forma que el divorcio o la nulidad resulte lo menos perjudicial para ambos cónyuges. Asimismo, frente a la indisponibilidad del derecho a los alimentos (art. 151Cc), la pensión compensatoria puede ser objeto de renuncia, ya que constituye un derecho de contenido estrictamente económico, susceptible de transmisión.

En el supuesto de la separación legal, los alimentos se deben no sólo durante el procedimiento, sino a partir del momento en que se formaliza, ya que también después de dicha decisión subsiste el vínculo matrimonial. Ahora bien, en este caso resulta especialmente difícil diferenciar la prestación de alimentos de la contribución a las cargas del matrimonio, dificultad que se agrava a tenor de la errónea confusión de ambas figuras en la regulación del Código civil. Sin embargo, se considera por un importante sector doctrinal –ROCA I TRIAS y RIVERO HERNÁNDEZ– que en los casos de separación sólo cesa la obligación de los cónyuges de vivir juntos, en tanto que se deberán mantener las demás obligaciones derivadas del matrimonio, tales como el deber de ayuda mutua que subsume entonces el deber de alimentos entre los cónyuges.

En resumen, viviendo los cónyuges separados de hecho, y habiendo cesado por tanto el deber de contribuir a su propio mantenimiento, podrá el cónyuge necesitado pedir alimentos legales a su consorte, siempre que no exista un patrimonio ganancial que responda de dichos gastos, a no ser que éste resulte insuficiente.

En otro orden de consideraciones, en relación a la validez de los convenios establecidos en la separación de hecho, relativos a la prestación de alimentos entre cónyuges; y así, tanto la doctrina –DE LA CÁMARA, BELTRAN DE HEREDIA Y ONIS y LACRUZ, entre otros– como la jurisprudencia (vide SSTS de 25 de noviembre de 1985 y 25 de julio de 1987) han admitido la validez de estos pactos. En nada afecta a esta validez la prohibición que se contiene en el artículo 1.814 del Cc, ya que la prohibición del citado precepto impide que mediante el convenio privado se obtenga el efecto típico de la transacción, que es renunciar al derecho de alimentos, a cambio de cualquier otra contraprestación, pero no supone la previa y total invalidez de los pactos sobre alimentos que puedan establecerse en convenios sobre la separación de hecho. En efecto, la validez o no de dichos pactos reside en el respeto a los presupuestos de la obligación legal de alimentos entre parientes, de modo que los cónyuges sólo pueden concretar el alcance de la obligación, ya que la obligación de prestarlos no descansa sobre un pacto, sino sobre el mandato legal. Ciertamente, el artículo 146 del Cc no se opone a que alimentante y alimentista establezcan la cuantía de la pensión alimenticia sin necesidad de acudir a un pleito, pero respetando el principio de proporcionalidad que impera en la determinación de los alimentos legales.

3.1.2. Los alimentos entre parientes en línea recta

Establece el artículo 143 Cc en segundo lugar la obligación, sin limitación alguna, de darse recíprocamente alimentos los ascendientes y descendientes.

En relación a los ascendientes, al establecer el legislador en toda su extensión en línea recta dicha obligación, los hijos deben legalmente alimentos a sus padres, abuelos o bisabuelos, obligando tanto al hijo matrimonial como al extramatrimonial o adoptado.

La obligación alimenticia de los ascendientes respecto a los descendientes puede satisfacerse de dos formas distintas: a) mediante el cumplimiento del poder-deber de la patria potestad; b) mediante el estricto cumplimiento de la obligación legal de alimentos.

La primera tiene lugar cuando los hijos no están emancipados, y por estar sujetos a la patria potestad, tienen derecho a ser alimentados, educados y formados por sus padres, viviendo en su compañía (art. 155 del Cc); la segunda tiene lugar cuando los hijos, emancipados, y no sujetos a la patria potestad se encuentran en un estado de necesidad (STS de 1 de marzo de 2001). Es pues tras la emancipación cuando puede originarse una estricta obligación alimenticia entre padres e hijos, tal y como se contempla en el artículo 143.2° del Cc.

Los padres, respecto a sus hijos no emancipados, tienen el deber no sólo de procurarles alimento, sino también de educarlos e instruirles, para que alcanzada la emancipación puedan valerse por sí mismos. Bien es cierto que en ocasiones, pese al esfuerzo de los padres en el cumplimiento de este deber, puede suceder que los hijos no se encuentren en situación de afrontar sus propias necesidades vitales, por lo que pueden verse en una situación de necesidad y tener que ser alimentados y asistidos por sus padres. Claro que sería erróneo reducir la obligación de alimentos a los padres, también los demás ascendientes en línea recta se encuentran obligados; en defecto de los padres, serán los abuelos los obligados, siguiéndose en este sentido los criterios establecidos en el artículo 144.3° en relación con el artículo 143.2° del Cc. Así mismo, si el hijo necesitado había formado una familia, y después se encuentra en situación de necesidad, deberá dirigirse en primer lugar al cónyuge, y posteriormente reclamará alimentos a sus descendientes, ya que en este sentido el Código sigue el criterio de proximidad de parentesco.

En referencia a los alimentos que el hijo debe al padre, la deuda se extiende a cualquier momento y situación de necesidad, pero el padre sólo deberá prestar alimentos al hijo cuando cese el deber de velar y sostener a los hijos menores (art. 110 del Cc). Por tanto, el padre debe alimentos al hijo después de la emancipación, y siempre que el estado de necesidad no sea debido a su mala conducta o a la falta de aplicación laboral –según el art. 152.2° del Cc–, y además cuando no está casado, o de estarlo, su cónyuge no pueda satisfacer la obligación (STS de 21 de abril de 2016).

3.1.3. Los alimentos entre colaterales

Dice el artículo 143 del Cc en su último párrafo que los "hermanos sólo se deben los auxilios necesarios para la vida, cuando los necesiten por cualquier causa que no sea imputable al alimentista, y se extenderán en su caso a los que precisen para su educación".

En la regulación actual, la obligación legal de alimentos entre colaterales sólo comprenderá los auxilios necesarios para la vida, contemplando como tales únicamente los gastos indispensables para costear la instrucción elemental y el aprendizaje de una profesión, arte u oficio. Estos auxilios necesarios –siguiendo a ALBALADEJO– alcanzan en lo referente a la educación, mientras sea menor de edad el alimentista, y aún después cuando no haya concluido su formación por causa que no le sea imputable. Conviene precisar que el criterio que permite diferenciar los alimentos legales de los denominados auxilios necesarios no es un criterio conceptual, sino cuantitativo, de suerte que los primeros –a tenor de lo dispuesto en el art. 146 del Cc– se deberán en cuantía proporcional al caudal o medios de quien los presta, y a las necesidades de quien los precisa, mientras que los segundos se circunscriben a lo estrictamente necesario para vivir. Consecuentemente, los auxilios necesarios para la vida se integran no sólo por auxilios materiales, sino también por la instrucción y educación necesaria para el alimentista, claro que estos auxilios si con anterioridad a la reforma se reducían a la instrucción elemental, en la actualidad el artículo 143 del Cc ha ampliado su extensión.

Se ha configurado además esta obligación de alimentos como estrictamente subsidiaria, no sólo en atención a la mayor proximidad de los demás parientes obligados, sino también por la extensión y excepcionalidad de la deuda entre colaterales de primer grado. Ahora bien, el artículo 143 del Cc conserva la norma genérica sobre la ausencia de culpabilidad del alimentista en la situación de necesidad; y así, se privará de los auxilios necesarios para la vida de forma definitiva al hermano que culpablemente, por falta de aplicación en el trabajo o por causa imputable al mismo, no pudiera proporcionarse su sustento.

Por otra parte, incluso entre los colaterales, el legislador establece un orden de preferencia, de suerte que según lo previsto en el artículo 144.4 del Cc están obligados en último lugar los hermanos que sólo sean uterinos o consanguíneos, lo que resulta coherente con el principio que inspira la obligación de alimentos entre parientes, que es el relativo a la proximidad de parentesco.

Asimismo, la subsidiariedad de la obligación de alimentos entre hermanos se advierte desde el ámbito estrictamente objetivo, ya que a diferencia de los demás parientes obligados, los hermanos únicamente tienen la obligación legal de asistir a sus hermanos en último extremo, y en relación a bienes imprescindibles para la vida.

3.2. El estado de necesidad del alimentista

Siguiendo en sus afirmaciones a BELTRÁN DE HEREDIA Y ONIS, el estado de necesidad es el requisito principal, y el que forma más decisiva determina el nacimiento de la obligación de alimentos; es por ello que el Código lo exige de manera reiterada, así en los artículos 146, 147, 148 y 152 del Código Civil. Luego el estado de necesidad, de una ayuda o asistencia económica, es el presupuesto que determina el nacimiento de la obligación legal de alimentos.

Así las cosas, no debe identificarse el estado de necesidad con una situación de absoluta pobreza, se trata, por el contrario, de un estado de necesidad relativo, esto es, referido a la condición personal y a la situación social de la persona (STS de 7 de junio de 2011). Ahora bien, el estado de necesidad no resulta requisito suficiente para la obligación legal de alimentos, además es necesario que quien precisa alimentos no se encuentre en condiciones de proveer por sí mismo a su propia subsistencia. Por tanto, no estará en condiciones de atender su propia subsistencia no sólo quien carezca de capital, sino quien no se encuentre en condiciones de trabajar (STS de 30 de abril de 2013).

Ahora bien, no puede ignorarse que la necesidad del alimentista no constituye un requisito ineludible, por cuanto que la obligación de alimentos aunque exista estado de necesidad se extinguirá si el alimentista hubiese cometido alguna falta de las que dan lugar a la desheredación, o si el alimentista, siendo hermano, se encuentra en la situación de necesidad por causa que le sea imputable, o si el alimentista siendo descendiente del obligado, se encuentra en una situación de necesidad por su mala conducta o por la falta de aplicación en el trabajo (STS de 19 de diciembre de 2005).

Por otro lado, el estado de necesidad constituye además un criterio fundamental en la determinación de la cuantía de los alimentos, ya que según el artículo 146 del Cc "la cuantía de los alimentos será proporcionada ... a las necesidades de quien los recibe" (STS de 2 de diciembre de 2015). En consecuencia, y puesto que se trata de una obligación de tracto sucesivo, la obligación se deberá adecuar en cada momento a la situación de necesidad del alimentista, y así, los alimentos "se reducirán o aumentarán proporcionalmente según el aumento o disminución que sufran las necesidades del alimentista y la fortuna del que hubiere de satisfacerlos"(art. 147 Cc).

3.3. La posibilidad económica del obligado a prestarlos

La posibilidad económica del obligado a prestar alimentos constituye, conjuntamente con el estado de necesidad del alimentista, un presupuesto objetivo para el nacimiento de la obligación legal de alimentos. Claro que la posibilidad económica del obligado por los alimentos no es un requisito tan relevante para el nacimiento de la obligación, ya que "la obligación de dar alimentos será exigible desde que los necesitare, para subsistir, la persona que tenga derecho a percibirlos" (art. 148.1º Cc), lo que evidencia que el nacimiento de la obligación se encuentra vinculado directamente al estado de necesidad del alimentista (STS de 2 de marzo de 2015). Tan es así que cuando el obligado a prestarlos viniere a peor fortuna y no pueda satisfacerlos, subsistente el estado de necesidad en el alimentista, la obligación legal de alimentos se mantiene en relación a otro obligado, y consecuentemente significará un cambio en la cuantía a tenor de la posibilidad económica del nuevo obligado (STS de 12 de febrero de 2015).

No obstante, su relevancia es sin duda mayor como criterio de determinación de la cuantía de los alimentos, ya que, a tenor de lo establecido en el artículo 146 del Cc la cuantía de los alimentos será proporcionada tanto en relación al caudal o medios de quien los da como a las necesidades de quien los recibe, sin distinguir entre ambos requisitos.

Abundando en lo expresado el art. 152.2 del Cc establece el cese de la obligación de alimentos cuando la fortuna del obligado a darlos se hubiere reducido hasta el punto de no poder satisfacerlos sin desatender sus propias necesidades y las de su familia (STS de 12 de febrero de 2015). En efecto, no admite duda que el deber de velar por la vida de la propia familia y por la de uno mismo deben prevalecer frente a la obligación legal de prestar alimentos a los parientes.

4. EL RÉGIMEN MANCOMUNADO DE LA OBLIGACIÓN DE ALIMENTOS

Conviene advertir previamente que pese al orden de preferencia establecido legalmente y que a continuación se expondrá, a la hora de reclamar alimentos, el alimentista no se encuentra limitado de forma estricta por el orden de prelación establecido en el artículo 144 Cc entre los obligados a prestarlos. En efecto, coinciden la doctrina –MANRESA, PUIG PEÑA, entre otros– y la jurisprudencia (vide STS 13 de abril de 1991), en señalar que el respeto a lo dispuesto en dicho precepto no debe significar un gravamen para el alimentista, hasta el extremo de verse obligado a interponer procedimientos sucesivos contra los obligados a prestarlos, por el contrario, podrá dirigir la acción contra cualquiera de los obligados de grado posterior si justifica la carencia de medios de los anteriormente obligados a prestarlos.

4.1. Concurso de sujetos obligados a prestarlos

Según lo dispuesto en el artículo 144 del Cc la reclamación de alimentos cuando proceda y sean dos o más los obligados a prestarlos, se hará por el orden siguiente: 1°. Al cónyuge. 2°. A los descendientes de grado más próximo. 3°. A los ascendientes, también de grado más próximo. 4°. A los hermanos, estando obligados en último lugar los que sólo sean uterinos o consanguíneos.

Así, el primer obligado a prestar alimentos es el cónyuge, ya que el legislador establece la primacía del vínculo conyugal sobre el de parentesco en línea recta. En segundo lugar, a falta de cónyuge, o si éste carece de medios suficientes, la obligación de prestar alimentos corresponderá a los descendientes de grado más próximo, antes que a los ascendientes de grado más próximo. Claro que entre los descendientes y ascendientes se regulará la preferencia por el orden en que sean llamados a la sucesión legítima de la persona que tenga derecho a los alimentos (cfr. art. 144 último párrafo del Cc).

En último lugar, estarán obligados a prestar alimentos los hermanos. Esta obligación se encuentra relegada al último lugar, habida cuenta no sólo de la menor proximidad de parentesco, sino también por la restricción del contenido de la obligación, ya que en línea colateral únicamente se deben los auxilios necesarios para la vida. Pero, además, se establece en el artículo 144 Cc que en último lugar estarán obligados los hermanos que sólo sean uterinos o consanguíneos.

4.2. La obligación legal de alimentos como obligación mancomunada

Según el artículo 145.1° del Cc "cuando recaiga sobre dos o más personas la obligación de dar alimentos, se repartirá entre ellas el pago de la pensión en cantidad proporcional a su caudal respectivo". Por tanto, cuando los obligados a prestar alimentos sean varios, unidos por un mismo grado de parentesco con el alimentista, el Código prevé para el cumplimiento de la obligación el régimen de mancomunidad. Ahora bien, no se trata de una obligación mancomunada dividida en partes iguales, puesto que los sujetos obligados deben los alimentos a prorrata de su respectivo caudal, esto es, en proporción a sus recursos económicos. Así se desprende de lo dispuesto en el art. 145.1° Cc cuando establece que el alimentista deberá repartir su pretensión entre los distintos obligados, de suerte que no podrá compeler a ninguno de los deudores a satisfacer alimentos en más cuantía de la que corresponda en proporción a sus posibilidades económicas. Por tanto, la deuda alimenticia se divide en tantas deudas como obligados al cumplimiento, y cada uno de ellos lo será exclusivamente de su parte (art. 1.138 del Cc).

Ahora bien, si el alimentista se dirige exclusivamente contra uno de ellos por el todo, a tenor del artículo 145.1 del Cc, el demandado podrá hacer saber al Juez la existencia de los demás obligados, no sólo para facilitar la satisfacción de la deuda por el demandado, sino para reducir la cuantía de su propia deuda.

En otro orden de cuestiones, el artículo 145.2 del Cc permite al Juez, en caso de urgente necesidad y por circunstancias especiales, imponer a uno sólo de los parientes obligados prestar alimentos provisionalmente, sin perjuicio de su derecho a reclamar de los demás obligados la parte que les corresponda, ejercitando la acción de reembolso contra cada uno de ellos. Se trata de una decisión excepcional, que únicamente procederá cuando se aprecie una urgente necesidad y en circunstancias especiales, criterios que quedan al prudente arbitrio del Juez, que deberá tener presente siempre el interés del alimentista. Asimismo, si alguno de los deudores estuviera imposibilitado para cumplir la obligación, y el Juez no lo hubiera excluido previamente, la parte correspondiente a dicho obligado se deberá satisfacer por los demás obligados de igual grado.

4.3. Pluralidad de parientes necesitados

Cuando dos o más alimentistas reclamen a la vez alimentos de una misma persona obligada legalmente a darlos, y ésta no tuviere fortuna bastante para atender a todos, se guardará el orden establecido en el artículo anterior, a no ser que los alimentistas concurrentes fuesen el cónyuge y un hijo sujeto a la patria potestad, en cuyo caso éste será preferido a aquél (art. 145 último párrafo del Cc).

Así las cosas, el Código carece de una regulación específica en el supuesto de la existencia de un obligado y varios alimentistas, por lo que se limita a remitir de forma supletoria al artículo 144 del Cc previsto para el supuesto de existir un alimentista y varios obligados a prestar alimentos. No obstante, el artículo 145 del Cc introduce una regulación especial frente a lo dispuesto en el artículo 144, ya que concede preferencia a los alimentos debidos al hijo sometido a patria potestad, antes que a los del cónyuge (STS de 12 de febrero de 2015); circunstancia ésta que no se contempla en el artículo 144, ya que la obligación de alimentar al hijo sometido a patria potestad se deriva de esta misma institución (art. 154.1° del Cc), es independiente de los alimentos debidos a hijos emancipados o mayores de edad, a los que se refieren los artículos 143 y 144 del Cc.

En resumen, el artículo 145.3° del Cc no prevé una preferencia entre los distintos alimentistas, sino que delimita el cumplimiento de los deberes que se derivan de la patria potestad, y que como consecuencia de la finalidad de protección y guarda debe prevalecer frente a la obligación legal de alimentos entre parientes; pero, no sólo de los debidos al cónyuge sino también a los demás parientes del artículo 143 del Cc.

5. CUMPLIMIENTO Y EXTINCIÓN DE LA OBLIGACIÓN DE ALIMENTOS

5.1. Cumplimiento de la obligación de dar alimentos

La obligación de alimentos nace cuando deviene exigible, esto es, desde el momento en que concurren todos los presupuestos legales: vínculo de parentesco, posibilidad del obligado a prestarlos, y estado de necesidad del alimentista. Así, el artículo 148.1 del Cc establece que la obligación de dar alimentos será exigible desde que los necesitare, para subsistir, la persona que tenga derecho a percibirlos. Por tanto, considera la jurisprudencia que el nacimiento y la exigibilidad de los alimentos legales son simultáneos en el tiempo, ya que la obligación deviene exigible y existe por el estado de necesidad del alimentista (STS de 10 de octubre de 2008).

Claro que, el abono o satisfacción de la deuda de alimentos no se hará desde la constatación del estado de necesidad, sino como dice el artículo 148 del Cc desde que se interponga la demanda, lo que no quiere decir que el cumplimiento de la obligación no pueda producirse de forma voluntaria, ya que el precepto se refiere a la imposición de un cumplimiento forzoso. En efecto, el legislador ha previsto dos momentos diferentes, uno referido al nacimiento de la obligación (STS de 30 de septiembre de 2016), y otro relativo al cumplimiento de ésta (STS de 14 de julio de 2016). El legislador distingue entre la perfección y la consumación de la obligación de alimentos; la perfección deviene por la situación de necesidad del alimentista, siendo exigible desde entonces; y el cumplimiento tendrá lugar, cuando se trata de un cumplimiento involuntario, desde la interposición de la demanda (STS de 6 de octubre de 2016).

En relación al cumplimiento voluntario, la prestación voluntaria de alimentos anterior y posterior al estado de necesidad no constituye un verdadero cumplimiento, ya que no existe obligación jurídica de prestarlos; así pues, sólo el cumplimiento voluntario del débito alimentario ya nacido genera una prestación irrepetible.

Por otro lado, con carácter de urgencia, puede el Juez, a petición del alimentista o del Ministerio Fiscal, ordenar las medidas cautelares oportunas para asegurar los anticipos que haga una entidad pública u otra persona y proveer a las futuras necesidades (art. 148.3° Cc).

5.2. Determinación de la prestación de alimentos

Se establece en el artículo 149.1 del Cc que el obligado a prestar alimentos podrá, a su elección, satisfacerlos pagando la pensión que se fije, o recibiendo y manteniendo en su propia casa al que tiene derecho a ellos. Claro que según el párrafo segundo del citado precepto, dicha elección no será posible en cuanto contradiga la situación de convivencia determinada para el alimentista por las normas aplicables o por resolución judicial. Y, asimismo, podrá ser rechazada cuando concurra justa causa o perjudique el interés del alimentista menor de edad, o cuando concurran motivos de carácter moral, en los que la convivencia entre el alimentista y el obligado a prestar alimentos resulta imposible.

La deuda alimenticia en cuanto a su cuantía es esencialmente variable, y así, se reducirá o aumentará proporcionalmente según el aumento o disminución que sufran las necesidades del alimentista y la fortuna del que hubiere de satisfacerlos, porque la pensión por alimentos debe adecuarse a las circunstancias que en cada momento concurran (art. 147 CC).

La pensión alimenticia, habida cuenta de su condición de deuda de valor, se le dispensarán las necesarias medidas de protección frente a las alteraciones monetarias, para mantener inalterable el valor que representa (ATS de 31 de octubre de 1996). Así, el Juez, a instancia de parte, e incluso de oficio, podrá al fijar la cuantía, someter su importe a algún índice corrector, para adaptarlo a posteriores variaciones del coste de la vida, y protegerlo de esta forma de alteraciones monetarias que afecten al poder adquisitivo del alimentista; el criterio de corrección acogido por la jurisprudencia ha sido el índice oficial del coste de la vida establecido por el Instituto Nacional de Estadística (STS 9 de septiembre de 2015).

5.3 La extinción de la obligación de alimentos

En virtud de los artículos 150 y 152 del Cc se establecen las causas de extinción de la obligación legal de alimentos, se trata de causas que responden a dos principios distintos: por un lado, la desaparición de los presupuestos legales que justificaron el derecho de alimentos, y en segundo lugar, la existencia de culpa del alimentista.

5.3.1. *La extinción de los alimentos por la desaparición de los presupuestos legales*

En primer lugar, puesto que los alimentos legales se prestan en atención al vínculo de parentesco que une al alimentista con el obligado, cuando este vínculo desaparezca la obligación cesará, tal y como ocurre en el caso de fallecimiento del alimentante, del alimentista o de ambos. Así, los artículos 150 y 152.1 del Cc, prevén respectivamente que la obligación de prestar alimentos cesa con el fallecimiento del obligado, aunque los prestase en cumplimiento de una sentencia firme y, cesará igualmente por el fallecimiento del alimentista.

En este sentido, cuando subsiste el estado de necesidad del alimentista, el fallecimiento del alimentante provocará el inicio de un nuevo derecho de alimentos frente al resto de obligados a prestarlo, según el orden de preferencia establecido en el artículo 144 Cc, y la cuantía de los alimentos se determinará en atención a la posibilidad económica de éste. En referencia a los cónyuges, el deber de prestar alimentos se extingue con el divorcio, ya que desde entonces se disuelve el vínculo conyugal; el divorcio y la nulidad matrimonial representan el cese de los alimentos entre cónyuges, al desaparecer el presupuesto subjetivo sobre el que se fundaba dicha obligación legal.

Cesará también la obligación legal de alimentos cuando la fortuna del obligado a dar alimentos se hubiere reducido hasta el punto de no poder satisfacerlos sin desatender sus propias necesidades y las de su familia. En efecto, no es preciso que la reducción de la fortuna implique la desaparición total y absoluta de recursos, será suficiente que ponga en peligro el sustento del propio obligado y de su familia (STS de 2 de marzo 2015).

Asimismo, cesará también la obligación de dar alimentos cuando el alimentista pueda ejercer un oficio, profesión o industria, o haya adquirido un destino o mejorado su fortuna, de suerte que no le sea necesaria la pensión alimenticia para su subsistencia (art. 152.3 del Cc). En efecto, en este supuesto deja de concurrir el fin esencial de la obligación de alimentos entre parientes, cual es la protección de la vida del necesitado, ya que falta el estado de necesidad en el que se fundamenta dicha obligación.

5.3.2. *La extinción de la obligación legal de alimentos por culpa del alimentista*

La extinción de los alimentos en estos casos se establecerá en atención a la conducta o al comportamiento del alimentista, de suerte que la cesación de los alimentos constituye una sanción en tanto que se entiende por el legislador que la situación de necesidad en que se encuentra el alimentista viene determinada por su propio comportamiento o actitud.

Cesará la obligación de alimentos cuando el alimentista, sea o no heredero forzoso, hubiere cometido alguna falta de las que dan lugar a la desheredación (art. 152.4º Cc).

Por último, según el párrafo final del artículo 152 del Cc cesará la obligación de alimentos cuando el alimentista sea descendiente del obligado a dar alimentos, y la necesidad de aquél provenga de mala conducta o de falta de aplicación al trabajo, mientras concurra esta causa (STS de 1 marzo de 2001, y SAP Pontevedra de 18 de mayo de 2016). Se establece en este supuesto de forma excepcional una causa específica de extinción de los alimentos que afecta al alimentista descendiente del obligado, y tendrá vigencia únicamente mientras subsista la mala conducta o la ausencia de aplicación al trabajo.

BIBLIOGRAFÍA

ADROHER BIOSCA, S., *La adopción internacional: Una aproximación general,* en RODRÍGUEZ TORRENTE, Jesús (Ed.), El menor y la familia: Conflictos e implicaciones, Universidad Pontificia de Comillas, Madrid, 1998, pág. 229-304.

ALBACAR LÓPEZ, J.L., y TORRES LANA, J.A., *Código civil. Doctrina y Jurisprudencia,* Tomo IV, Artículos 1.088 a 1.444, Trivium, Madrid, 1992.

ALBALADEJO GARCÍA M., *Curso de Derecho Civil, IV,* 8ª ed., Bosch, Barcelona, 1997.

— *El reconocimiento de la filiación natural.* Editorial Bosch. Barcelona. 1994.

ALBIEZ DOHRMANN, K. J., *La aplicación del artículo 1320 del Código civil en caso de una segunda vivienda habitual,* Actualidad Civil, 1987, págs. 1353-1362.

ALCAIN MARTÍNEZ, E., *La declaración de propiedad de bienes matrimoniales,* McGraw-Hill, Madrid, 1996.

ALFONSO RODRÍGUEZ, E., *La guarda de hecho: su relación con otros institutos jurídicos de protección de menores,* Actualidad Civil, vol. 2, núm. 17, 1995, págs. 317-331.

ALONSO PÉREZ, M. "*La familia entre el pasado y la modernidad. Reflexiones a la luz del Derecho civil*". A.C. n1 1. 5-11 de enero de 1998.

— *El patrimonio de los hijos sometidos a la patria potestad,* Revista de Derecho Privado, 1973, págs. 7-39.

BATLLE, M., La eutelegenesia y el Derecho: RGLJ (1949), págs. 657-71.

BAYOD LÓPEZ, Mª del C., *La modificación de las capitulaciones matrimoniales,* Prensas universitarias de Zaragoza, Zaragoza, 1997.

BELTRÁN DE HEREDIA Y ONIS, P., *La obligación legal de alimentos entre parientes,* Universidad de Salamanca, 1958.

BOSIO, S. J., El factor Rhesus en los recientes decubrimientos y estudios de la sangre: Rev. Jav 40 (1953) 285-291.

BOUZA VIDAL, N., *La nueva Ley 21/1987, de 11 de noviembre, sobre adopción y su proyección en el Derecho internacional privado,* Revista General de Legislación y Jurisprudencia, núm. 6, 1987, págs. 897 y siguientes.

BUIGUES OLIVER, G., "Notas para un estudio histórico-crítico de los contratos entre cónyuges", R.G.D., XLVI.10, 1990, págs. 8.689-8.709.

CALVO ANTÓN, M., *El contrato de alimentos como figura contractual independiente*, Revista General de Legislación y Jurisprudencia, 1989, págs. 633 y ss.

CASTÁN VÁZQUEZ, J. Mª, *La patria potestad*, Madrid, Editorial de Derecho Privado, 1960.

CASTELLANO, "La nueva investigación de la paternidad ante la nueva perspectiva constitucional", III Congreso de Medicina Legal y Social, Madrid, diciembre 1979, pág. 31.

CASTILLO TAMARIT, V. J., *Reflexiones sobre la modificación del Código civil en materia de patria potestad*, Revista de Derecho Notarial, núm. 112, 1981, págs. 57-79.

CICU, A., Sulla presunzione di paternita: RiuTDCPCiv 1 (1947) 563-575.

— *La filiazione* (Trattato di Dº. civ. it di F. VASALLI, III-2 1º (Turín 1954) (Recens De Franco CARRESI a la 2ª ed. 1951 en Riv. TDPC (1952) 697-709.

— Legitimitá del figloionato depo il trecentisimo giorno: RivdTCProcCiv 6 (1952) 534 s.

CLEMENT, G., *Derecho del niño al nacer*, Ediciones Etudium Madrid-Buenos Aires 1953.

COBACHO GÓMEZ, J. A., *La deuda alimenticia*, Madrid, MONTECORVO, 1990.

CORNEJO CHAVEZ, H. Revista Jurídica del Perú, año VII, núms. 1, 2 y 3, págs. 1-6 y 96-102, enero-junio y julio-septiembre 1956, Lima (Perú). "La filiación legítima".

CORONAS, J. E., Filiación Extramatrimonial: Ley 14.367 (Argentina). RevFacDerCiSoc (1955) 317-344.

CORRAL GARCÍA, E.: "La nulidad de una adopción y el interés del menor: conveniencia de la reinserción en la familia de origen (comentario a la STS de 9 de julio de 2001)". A.C. 2002.

CUELLO CALÓN, E., *El aspecto penal de la fecundación artificial: en tres temas penales* (Barcelona 1955).

— *En torno a la inseminación artificial en el campo penal*, RDPCP 14 (1961) 195-206.

DE LA PUENTE Y QUIJANO, J.M., *Estudio de los efectos que el reconocimiento de un hijo natural según el C.a.* (Madrid, 1895).

DE PABLO CONTRERAS, P., *Comentario al artículo 172 del Código Civil*, en BERCOVITZ RODRIGUEZ-CANO, Rodrigo (Dir.), Comentarios a las reformas del Código Civil, Madrid, TECNOS, 1993, pág. 35-87.

DE PRADA GONZÁLEZ, J. Mª, *La patria potestad tras la reforma del Código Civil*, Anales de la Academia Matritense del Notariado, t. XXV, 1982, págs. 359-420.

DÍAZ ALABART, S., *La responsabilidad por los actos ilícitos dañosos de los sometidos a patria potestad o tutela,* Anuario de Derecho Civil, 1987, págs. 795-894.

DÍAZ-AMBRONA BARDAJÍ, Mª D., *La responsabilidad de los cónyuges en el ejercicio de la potestad doméstica en el sistema del artículo 1319 del Código Civil,* Actualidad Civil, 1988, págs. 641-658.

EGEA FERNÁNDEZ, J., *Comentario a los artículo 173 y 174 del Código Civil,* en BERCOVITZ RODRIGUEZ-CANO, Rodrigo (Dir.), Comentarios a las reformas del Código Civil, Madrid, TECNOS, 1993, pág. 88-117.

ESPIAU ESPIAU, S y VAQUER ALOY, A.: "Protección de menores, acogimiento y adopción". Madrid. 1999.

ESPINAR VICENTE, J. Mª, *La adopción de menores constituida en el extranjero y el reconocimiento de la patria potestad en España (Algunas reflexiones en torno a la heterodoxa doctrina de la Dirección General de los Registros y del Notariado),* Actualidad Civil, vol. 3, núm. 32, 1997, págs. 757-772.

FAIRÉN GUILLÉN, V., *Anuario de Derecho Civil,* vol. III, núm. 3, págs. 629-656, julio-septiembre 1950. Madrid (España). "La investigación biológica de la paternidad y su valor desde el punto de vista procesal".

FELIU REG, M. I. y GULLÓN BALLESTEROS, A., *Comentarios a la Ley de adopción,* Madrid, Tecnos, 1989.

GARCÍA BARBERENA, T., La investigación de la paternidad por el exámen de los grupos sanguíneos y el canon 1-115: REDCan 4 (1949) págs. 997-1010.

GARCÍA CANTERO, G., El turno de la filiación natural (en el VII congreso Internacional de Dº Comparato, de Upsala): RGLJ 221 (nov. 1966) 631-4.

— "La adopción de mayores de edad". A.C. 1998.

— *Notas sobre el acogimiento familiar,* Actualidad Civil, vol. 2, núm. 21, 1992, págs. 305-318.

GARCÍA GARCÍA, I., *Notas para la construcción jurídica del acogimiento de menores en el derecho español,* La Ley, 1988, pág. 4 y siguientes.

GARCÍA MAS, F. J., *Panorama general de la Ley 1/96, de 15 de enero de Protección Jurídica del Menor,* Actualidad Civil, vol. 3, núm. 34, 1997, págs. 805-842.

GARCÍA PASTOR, M.: "Comentarios a los artículos 172 a 180 del C.c.", en Jurisprudencia civil comentada. Comares. Granada. 2000.

GARCÍA ZARANDIETA. "La filiación yel Registro Civil". Estudio sistemático de la reforma introducida por la Ley II/1981. Boletín de Información del Ministerio de Justicia, I, 1982, núm. 1272, pág. 8).

GARRIAGA GORINA, M.: "La adopción y el derecho a conocer la filiación de origen: un estudio legislativo y jurisprudencial". Aranzadi. Navarra. 2000.

GETE ALONSO Y BLASCO GASCO. *La nueva regulación de la filiación en el Derecho catalán*, Tirant Lo Blanch, 1992.

GIL MARTÍNEZ, A., La reforma de la adopción: Ley 21/87, de 11 de noviembre. Comentarios y formularios, Madrid, Dykinson, 1991.

GITRAMA GONZÁLEZ, M., *Familia, alimentos civiles y Seguridad Social,* Valencia, Escuela Social de Valencia, 1965.

— *La Administración de la herencia en el Derecho español,* Madrid, Revista de Derecho Privado, 1950.

GÓMEZ DE LA SERNA, P., *De la prestación de alimentos por el marido a la mujer separada de él,* Revista General de Legislación y Jurisprudencia, tomo XXII, 1863, pág. 59 y ss.

GOMEZ-FERRER SAPIÑA, R., Reconocimiento de hijos naturales en testamento (julio-diciembre 1968). Reconocimiento de hijo materno en testamento (julio-diciembre 1968).

HERNÁNDEZ GIL, F., *Sobre la figura del defensor judicial de menores,* Revista de Derecho Privado, 1961, págs. 201 y ss.

HERNÁNDEZ IBÁÑEZ, C. "Una aproximación a la Ley 10/1998, de 15 de julio de Uniones Estables de Pareja de Cataluña". A.C. nº 22. Semana 31 de mayo a 6 junio de 1999.

HERRERA CAMPOS, R.: "La filiación" en el manual dirigido por MORENO QUESADA, B.: "Curso de Derecho civil IV. Derecho de familia y sucesiones". Valencia. 2002.

HIJAS FERNÁNDEZ, E., *Tutela, guarda y acogimiento en la Ley 21/87 (Aspectos sustantivos y procesales),* Actualidad Civil, vol. I, núm. 2, 1995, págs. 35-58.

IGLESIAS PUJOL, L., *Los alimentos en la Ley 30/1981,* de 7 de julio, en Estudios jurídicos en honor del profesor Octavio Pérez-Vitoria, tomo I, Barcelona, Bosch, 1983.

JEMOLO, Contro un'estensione della categoria dei figli adulterini: RivDPriv 9 (1939) 39 ss.

LAMBRECHT, H., Giro proyects de fov sur la Recherche de la paternité: RevCathInstDrot 13 (2º jun 1894) 544-556; 14 113 n. 210 n, 322 m.

LINACERO DE LA FUENTE, *Régimen patrimonial de la patria potestad,* Madrid, Montecorvo, 1991.

LLAMAS POMBO, E, *El patrimonio de los hijos sometidos a la patria potestad,* Madrid, Trivium, 1993.

LLEBARÍA SAMPER, S., *Tutela automática, guarda y acogimiento de menores: estudio sistemático de la Ley 21-1987, de 11 de noviembre,* Barcelona, Bosch, 1990.

LLEDÓ YAGÜE, F., *Acciones de filiación.* Ed. La Ley, 1987.

— *Fecundación artificial y Derecho.* Ed. Tecnos, 1988.

— "*Los matrimonios de hecho contra el Derecho y el sentido común del legislador*". P.J. 10 trimestre, 1997.

— *Comentarios científico-jurídicos a la ley sobre técnicas de reproducción humana asistida*. Codirigido con la Dra. OCHOA MARIETA, Obra colectiva, Editorial Dykinson, Madrid, 2007.

— Coautor y director: *La filiación. Su régimen jurídico e incidencia de la genética en la determinación de la filiación*. Consejo General del Poder Judicial, Madrid, 1994.

— *Los 25 temas más frecuentes en la vida práctica del Derecho de Familia: aspectos sustantivos, registrales y de procedimiento*. Codirigido con la Magistrada del Registro Civil Sánchez Sánchez, Alicia. Editorial Dykinson, Madrid, 2011.

— *Cuadernos prácticos Bolonia. Derecho de Familia*. 4 vols. Codirigida con los Catedráticos de Derecho Civil Ferrer Vanrell, Mª P. y Torres Lana, J.A., Editorial Dykinson, Madrid, 2011.

LÓPEZ ALARCÓN, M., La filiación en el Derecho Canónico. Su correspondencia en el Derecho Civil: Pietro (jul-Sep. 1977) 325-357.

LÓPEZ HERRERA, F., Revista de la Facultad de Derecho, núm. 8, págs. 57-93 junio 1956, Caracas (Venezuela) "Anotaciones sobre filiación legítima".

LÓPEZ PÉREZ, J, *Prórroga y rehabilitación de la patria potestad*, Barcelona, Bosch, 1992.

LÓPEZ Y LÓPEZ, A., *La posesión de estado familiar* (Sevilla, 1971). Págs. 138-140.

MAGAZ SANGRO, C, *La patria potestad en los pleitos matrimoniales*, en RODRÍGUEZ TORRENTE, Jesús (Dir.), El menor y la familia, Madrid, Universidad Pontificia Comillas, 1998.

MALPICA, M., Filiación ilegítima, RDJ (abril-junio 1964), págs. 11-22.

MARÍN LÓPEZ, J.J.: "Comentario a los artículos 142 a 153 del C.c.", en Jurisprudencia civil comentada. Tomo I. Comares. Granada. 2000.

MARÍN PÉREZ, P., *Revista General de Legislación y Jurisprudencia*, vol. II, número 3, págs. 241-256, septiembre 1941. Madrid (España). "El reconocimiento de un hijo natural y las acciones de filiación".

MARTÍNEZ JARRETA. *La prueba del ADN en la Medicina Forense*. Edit. MASSON S.A., 1999.

MARTÍNEZ VAL, J. M., *La Entelegenesia y su tratamiento penal*. Publicaciones del Instituto de Estudios Manchegos (Pationat Quarato del C.S.I.C.) Madrid, 1954, 125 pág.

MENDEZ PÉREZ, J.: "La adopción: comentarios a la legislación del Estado y de las CCAA con jurisprudencia". Barcelona. 2000.

MENÉNDEZ PÉREZ, J. y MALUQUER DE MOTES, C. J., *El acogimiento de menores: comentarios, procedimientos, formularios, textos legales,* Barcelona, Bosch, 1911.

MONTERO AROCA, J.: "Los alimentos a los hijos en los procesos matrimoniales (La aplicación práctica del artículo 93 del C.c.)". Valencia. 2002.

MORENO FLORES, R.M.: "Comentarios a los arts. 172 a 180 del C.c.", en Comentarios al Código civil, Tomo II. Vol 2º, dir. Por RAMS ALBESA. Barcelona. 2000.

MUÑIZ ESPADA, E., *Las personas jurídico-privadas tutoras: en consideración al aspecto personal de la tutela,* Barcelona, Bosch, 1994.

PADIAL ALBAS, A., *La obligación de alimentos entre parientes,* Barcelona, Bosch, 1997.

PALACIOS, D. y BERNAL DEL CASTILLO, A. L., *Reflexiones acerca de la tutela legal, la guarda y sus relaciones con el acogimiento,* Actualidad Civil, vol. I, núm. 13, 1994, págs. 229-241.

PALMER, R-SAVATIR, R., y otros, *La fecundación artificial en seres humanos.* Ediciones Studium (Madrid Buenos Aires 1950).

PARES MAICAS, M., La investigación de la paternidad en el Dº catalán y el C.c español: BollnsDCompMéxico (enero-abril 1958) 9-50.

PÉREZ ARDA, Art. 113 del Código Civil, en Revista de la Legislación y Jurisprudencia, 1919, segundo semestre, pág. 550 y ss.

PÉREZ SERRANO, N. Revista del Foro Canario, año IV. Págs. 5-30, enero-abril 1955. Las Palmas (España). "Eutelegenesia y Derecho".

PÉREZ VALLEJO, A.Mª y SAÍNZ-CANTERO CAPARRÓS, Mª B. "El convenio regulador y los procesos matrimoniales en la nueva Ley de Enjuiciamiento Civil" Ed. Comares. Granada, 2001

PICONTÓ NOVALES, T, *La protección de la infancia (Aspectos sociales y jurídicos),* Zaragoza, EGIDO Editorial, 1996.

PIÑAR LÓPEZ, B., *La adopción y sus problemas jurídicos,* Anales de la Academia Matritense del Notariado, t. VIII, 1954, págs. 143-188.

POLAINO, A., SOBRINO MORRÁS, A, y RODRÍGUEZ SEDANO, A.: "Adopción. Aspectos psicopedagógicos y marco jurídico". Barcelona. 2001.

PORRAS IBÁÑEZ, P., Testar y reconocer: RDPriv (mayo 1969) 351-359.

PORTEMER, J., *La situación juridique des enfants més de linsémintion artificialle.* L. Auneée Canonique 7 (1962) págs. 75-86.

POU DE AVILES, J. M., "El reconocimiento forzoso del hijo natural en el Derecho Español", Revista Jurídica de Cataluña, vol LXVIII, núm 3, páginas 211-233, mayo-junio 1951, págs. 211-233.

RODRÍGUEZ GONZÁLEZ, C., *El reconocimiento forzoso de paternidad mediante expediente gubernativo.* BolInf M.Just. Nº 509 (15 febrero 1961) 3-5.

RODRÍGUEZ INYESTO, A., "Protección jurídica de los alimentos de los hijos en las rupturas conyugales", R.D.P., 1989, págs. 838-847.

— *Naturaleza jurídica de los alimentos de los hijos en las rupturas conyugales,* Revista de Derecho Privado, 1989, págs. 838-847.

RODRÍGUEZ-ADRADOS, A., *La evolución de la familia en materia de filiación.* RDN 89-90, 1975, 185 m.

RUIZ DE VELASCO Y MARTÍNEZ DE ERCILLA, V., *Aspectos procesales en la constitución de la adopción del mayor de edad y del menor emancipado,* Actualidad Civil, núm. 13, marzo-abril, 1988, págs. 257-287.

RUIZ VADILLO, E., *La filiación ilegítima en el Derecho español. Breve estudio crítico.* Pretor (enero-marzo 1978). 5-33.

RUIZ-RICO RUIZ, J. M., "La tutela "ex lege", la guarda y el acogimiento de menores" (I) y (II), Actualidad Civil, vol. I, núms. 2-3, 1988, págs. 57-83 y 137-160.

SÁNCHEZ-RUBIO GARCÍA, A., *Mantenimiento y extinción de vínculos parentales tras la adopción del hijo del cónyuge: el artículo 178 del Código Civil,* Actualidad Civil, vol. 4, núm. 48, 1994, págs. 981-993.

SANCHO REBULLIDA, F, *La patria potestad,* en El nuevo régimen de la familia, t. II, Madrid, Cívitas, 1981, págs. 95-120.

— "El nuevo régimen de la familia" Tomo IV. Acogimiento y adopción. Madrid. 1988.

SANCHO, *El Derecho positivo español en relación a la fecundación artificial*: en la obra "La fecundación artificial en el género humano" (Madrid-Buenos Aires 1950).

SECCO L. y REBUTTATI, C., *Degli alimenti. Commento del Titolo XIII del Libro I del Codice Civile,* Milano, Giuffré, 1957.

SERRANO RODRIGUEZ, M., El problema de la fecundación artificial: Homenaje a D. Nicolas Pérez Serrano 2(Madrid, 1959) 450-481.

SILVERIA DA MOTA. O., Sobre inseminación artificial humana: Rev. Fac. D. Sao Paulo 55 (1960) págs. 467-501.

SOTO NIETO, F., *Aspectos del reconocimiento del hijo natural: Dº vivo.* Jurispr. Comentada 1 (Madrid 1970) 455-466.

— *Derecho vivo. Jurisprudencia comentada.* (Madrid, Rev. D. Jud. 1970) I, 456 s.

TALASSANO, Conoscibilitá e conoscenza del parto della moglie da parte del padre che agisce in disconosimento del figlio: RivDPriv 12 (1940) 190 ss.

URIBE SORRIBES, A, *La representación de los hijos, Anales de la Academia Matritense del Notariado,* t. XXV, 1982, págs. 243-277.

VALSECCHI, Azione di disconocimiento di paternita. Impossibilitá di coabitazione. Decadenza dell'azione: RivDPriv 12 (1940) 95 ss.

VARELA GARCÍA, C., *Comentario a la Ley Orgánica 1/96, de 15 de enero, de Protección Jurídica del Menor: principios programáticos y normas de conflicto,* Actualidad Civil, vol. I, núm. 12, 1997, págs. 261-282.

VARGAS CABRERO, B., *El Ministerio Fiscal y el principio del interés del menor,* en RODRÍGUEZ TORRENTE, Jesús (Dir.), *El menor y la familia,* Madrid, Universidad Pontificia Comillas, 1998.

VIDAL MARTÍNEZ, *Las nuevas formas de reproducción humana,* Civitas, 1988.

VILLANUEVA, "La investigación de la paternidad ante la nueva perspectiva constitucional", III Congreso de Medicina Legal y Social, Madrid, diciembre 1979, pág. 31.

VILLARIÑO, L. M., E*l fundamento del derecho de alimentos y la competencia objetiva y funcional,* Estudios de Derecho Civil en honor del Profesor Castán Tobeñas, vol. IV, Pamplona, Ediciones Universidad de Navarra, 1969.

WAYNE GITTINGER, D., Artificial insemination: its place in Washington Law: WashLawRev 32 (1957), págs. 280-290.

ZANNONI, E.A., Derecho Civil. *Derecho de Familia,* T. I, (2ª ed.), Astrea, Buenos Aires, 1989.

ZANON MASDEU, L., *El divorcio en España,* Hispano Europea, Barcelona, 1981.

ZARRALUQUI SÁNCHEZ-EZNARRIAGA, L.: "Alimentos y cargas familiares". Cuadernos de familia, 4. La Ley-Actualidad. Madrid. 1999.

Made in United States
Troutdale, OR
11/03/2026

56844495R00097